의사 윤한덕 I
[삶]

의사 윤한덕 I

초판인쇄_ 2020년 02월 02일
초판발행_ 2020년 02월 04일

지은이_ 김연욱
디자인_ 권형락
펴낸곳_ 마루기획
펴낸이_ 박혜은
신고번호_ 제307-2014-65호
주소_ 파주시 청석로 262 이지타운 205호
주문 팩스_ 02-6969-9428
이메일_ marubang2013@naver.com

ISBN_ 979-11-950503-5-2 03990

정가_ 15,000원

의사 윤한덕 I

김연욱 지음

차례

제1부 혼란과 고통

제2부 대한민국 응급의료

서문

2019년 2월 4일. 민족의 대명절 설 연휴가 시작되는 날이다.

민영주는 남편과 사흘째 연락이 되지 않았다.

설 명절을 맞아 시댁이 있는 광주로 떠나야 하는데, 남편은 감감무소식이었다. 워낙 바쁜 사람이어서 평상시에도 남편과 잘 연락이 되지 않았다.

남편에게 전화했지만 받지 않자 카카오톡을 보냈다. 이것도 읽지 않아 답답했다. 고향으로 출발할 시간이 늦어질 것도 염려됐다.

남편 윤한덕의 근무지인 국립중앙의료원에 찾아가기로 했다.

오후 4시 30분경 집을 나서 남편 병원으로 향했다. 약간 불안한 마음이 들었지만, 바쁜 일이 많아 연락을 받지 못하는 상황이었을 것으로 생각했다.

오후 5시 30분경 병원에 도착하니 하늘은 어두컴컴해졌다.

민영주는 평소 병원은 가끔 갔지만, 남편이 늘 마중 나와 사무실

안까지는 한 번도 들어가지 않았다.

남편 사무실은 병원 본관 건물에서 떨어진 오래된 벽돌 건물에 있었다는 것만 대충 알고 있었다.

본관은 진료를 보는 곳이고 남편 사무실은 행정 만을 보는 2층 벽돌로 쌓아진 독립 건물이라고 남편에게 들었다.

정확히 어디인지는 몰랐지만 2층 벽돌 건물을 찾아 불이 켜진 곳만 관심 있게 살펴봤다.

빨간 벽돌 건물의 중간 정도에 '중앙응급의료센터장'이라는 푯말이 보였다.

그곳 문을 두드렸지만, 인기척이 없었다.

마침 바로 옆 사무실에 불이 켜져 있어 그곳을 방문했다.

여직원이 있어 '윤한덕 센터장의 부인'이라며 남편 연락이 안 돼 찾아왔지만, 사무실 문이 잠겨 있다고 말했다. 여직원은 비밀번호는 모른다고 대답했다.

중앙응급의료센터 상황실을 통해 사무실의 비밀번호를 알아낸 뒤 문을 열었다. 여직원은 2층에 센터장의 집무실이 있다고 알려주면서 1층에서 기다리겠다고 말했다.

영주는 2층으로 올라가는 나무계단이 눈에 들어왔다. 계단으로 올라가는 길은 어두컴컴했으며, 올라가는데 삐거덕거리는 소리가 영주의 신경을 거슬리게 했다.

적막만이 흐르는 조용한 행정동의 계단을 홀로 밟을 때 내는 소리가 왠지 으스스했다.

2층 사무실에는 살짝 문이 열려 있었고 그 틈으로 희미한 불빛이 새어 나왔다.

인기척은 없었다.

조심히 문을 열고 들어갔다.

"아아~악!"

설날 연휴 조용한 행정동에 민영주의 날카로운 비명이 적막을 갈랐다.

문을 연 순간, 남편은 의자에 앉아 있었지만 고개를 떨어뜨린 채 꼼짝도 하지 않았다. 러닝셔츠만 걸치고 코에서는 피를 흘린 상태였다. 바닥에는 젖은 피가 선홍색이 아니라 검푸르게 변해 있었다. 얼굴은 창백했고 오른쪽으로 고개를 떨어뜨리고 있었다. 오른쪽 목 쪽 핏줄은 커다랗게 부풀어 오른 상태였다.

영주는 숨이 막히고 정신이 혼미했다. 아무것도 생각할 수 없었다.

잠시 정적이 흘렀다.

도대체 나에게 무슨 일이 일어났나? 영주는 꿈인지 생시인지 분간할 수 없었다.

한눈에 봐도 남편이 숨진 지 오래된 것처럼 보였다. 남편을 살리기엔 너무 늦은 상태라고 생각했다. 모든 것이 끝났다고 체념했다. 몸

안에 있는 모든 에너지가 빠져나가는 느낌이었다.

그러나 현실을 부정하고 싶었다.

남편의 부어오른 배와 팔, 다리를 만지며 "어떡해, 어떡해!"라는 소리밖에 낼 수 없었다.

'아! 남편의 삶이 이렇게 끝난 건가⋯⋯.'

남편이 너무 안쓰러웠다.

'내가 조금만 더 잘해줄걸⋯⋯.'

그러면서 남편을 꼭 껴안았다.

지금까지 유일하게 이성으로 사랑했던 사람, 한덕을 이제 안아주지 않으면 언제 다시 안을 수 있을지 몰랐다.

영주는 남편의 얼굴을 자신의 어깨에 기댔다. 그리고 더 세게 안았다. 마음은 남편을 놓고 싶지 않았다.

말로 표현할 수 없는 많은 감정이 한꺼번에 몰려왔다.

그동안 살아왔던 세월이 주마등처럼 흘러갔다. 꽃다운 나이 20세 때 남편을 만나 30여 년 동안 살아왔던 지난 시절이 파노라마처럼 펼쳐졌다.

삶은 한 번뿐이라고, 그래서 시간을 낭비하지 않고 열심히 살아야 한다고, 말하곤 했던 남편이 떠올랐다.

어느 곳인지는 모르지만, 남편이 다시 태어나서 이번 삶보다 더 멋진 또 다른 여행을 하고 있을 것으로 생각했다. 아마 그곳에서도 남편은, 더 나은 세상을, 더 많은 사람이 행복해하는 사회를 만들기 위해 애쓰고 있을 것이라고…….

정신을 서서히 되찾으면서 아이들에게 어떻게 알려야 할지 암담했다. 아이들한테는 이를 어떻게 말하지? 군대에 가 있는 큰아들 형찬이와 고등학생이 되는 작은아들 형우에게 아빠의 죽음을 말하는 게 쉽지 않을 것 같았다.

한참 후 검안의가 들어왔다.

남편의 임종 사실을 확인했다. 부분부분 손발의 괴사가 진행된 것으로 미뤄볼 때 하루나 이틀 정도 지난 것으로 추정했다.

주말 내내 연락이 되지 않은 윤한덕은 집무실 책상에서 앉은 자세로 숨졌다.

그의 나이 만 51세였다.

국립과학수사연구소는 윤한덕의 부검결과 고도의 관상동맥 경화에 따른 급성심장사라고 소견을 냈다. 누적된 과로와 스트레스로 인해 사망한 것으로 판단했다.

대한민국 국민의 생명과 안전을 위해 일생을 헌신과 봉사로 점철했던 윤한덕은 이렇게 짧은 생을 마감했다.

그는 대한민국 국민이 세계 어느 선진국보다 더 나은 응급의료를 받을 수 있도록 꿈꾸었다.

윤한덕은 모든 응급환자가 적절한 시간에, 적절한 병원에서 적절한 치료가 이루어지기를 희망했다.

그는 비록 떠났지만, 그의 업적은 이 땅 대한민국 곳곳에 흔적처럼 남아 있다.

윤한덕은 대한민국 응급의료시스템을 만들었다.

25년을 거의 홀로 분투하며 응급환자를 위한 응급의료시스템 구축과 운영에 매달렸다. 응급의료시스템을 개발도상국에서 선진국 수준까지 끌어올리는 데 기여를 많이 한 의사였다.

응급의료의 성공을 위해 데이터를 기반으로 제도와 법령, 그리고 예산을 조금씩 끌어 올렸다. 응급의료정책을 만들기 위한 행정에 관심을 가진 사람은 윤한덕밖에 없었다.

응급의료를 세계 어느 나라에 비해 뒤지지 않을 정도로, 짧은 기간에 세계 최고 수준으로 끌어올렸다.

그 과정은 험난했다.

부처 간, 병원 간, 개인 간 이기주의로 인해 그의 가슴은 타들어 갔다. 좌절도 많이 했다. 갈등은 대한민국의 응급의료를 가로막았다.

그러나 굽힐 수 없었다. 자신이 믿는 응급의료의 발전을 위해서 누구보다 열심히 뛰었다.

2002년부터 국립의료원 중앙응급의료센터에서 응급의료 정책지원 업무를 총괄했다.

환자 중심의 응급의료서비스를 구축했다.

응급의료정책을 수립하는데 필요한 환자와 관련한 통일된 데이터베이스DB가 없었다. 의학은 과학이라고 생각한 그는, 응급환자의 통계와 데이터를 한꺼번에 볼 수 있는 시스템을 만들었다. 그것이 응급의료의 초석을 다지는 일이라고 생각했다.

국가응급진료정보망National Emergency Department Information System, NE-DIS을 만들었다. 환자의 정보를 한눈에 볼 수 있도록 한 시스템이었다. 근거 기반 응급의료정책을 위한 첫걸음을 내디뎠다. 세계에서 유래를 찾아볼 수 없는 시스템이었다.

이를 근거로 응급의료기관을 평가했다. 평가 이후 병원에 당근과 채찍을 주며 응급환자 치료에 매진하도록 했다.

중증 외상 환자가 신속하게 치료를 받을 수 있도록 권역외상센터를 기획해 마련했다.

신속한 응급환자 이송을 위해 응급의료 전용헬기 이른바 닥터헬기를 들여왔다.

재난 및 다수사상자 사고 발생 시 신속한 의료지원을 위해 재난·응급의료상황실을 만들었다. 상황이 발생하면 윤한덕은 항상 24시간 응급상황을 지켜봤다.

응급환자를 이송하는 119 구급대원을 대상으로 현장 교육에 나섰다. 이송 중 구급대원의 응급처치 능력을 높이기 위한 것이었다.

구급 대원뿐 아니라 일반인도 응급처치를 할 수 있도록 교육했다.

윤한덕은 이 일들을 달성하기 위해 밤새는 날이 많았다. 낮에는 회의와 일상 업무를 봤다. 밤에는 밀린 결재를 하고 관련 자료 등을 검토하고 만들었다.

머리에는 온통 응급의료 생각밖에 없었다.

하루 19시간을 근무했다.

응급의료 발전을 위해 25년을 이렇게 살아왔다.

거의 모든 삶을 환자를 위해 바쳤다.

그러나 정작 본인은 병원 안에서, 삶의 모든 열정을 쏟아부은 곳에서, 혼자 외롭게 갔다.

문재인 대통령은 2020년 1월 1일 윤한덕의 아들 윤형찬과 함께 서울 아차산 해맞이 산행을 한 뒤 2019년 그해 가장 가슴 아픈 죽음으로 '윤한덕의 사망'을 꼽았다.

그해 가장 가슴 아픈 죽음이었다.
故 윤한덕 센터장이 국가유공자로 지정되어 다행이다.
유공자 지정을 한다고 해서 유족들의 슬픔이 없어지지는 않겠지
만 국가로서 해야 할 일은 해야 한다고 생각한다.

 앉은 상태에서 숨진 채로 발견된 윤한덕의 집무실에는 고민의 흔
적이 묻어 있었다. 책상 위에는 응급의료 발전을 위한 보고서 작성
초안이 놓여 있었다. 설 연휴 이후 국립중앙의료원장에게 보고할 중
앙응급의료센터 조직개편과 응급의료 발전을 다룬 서류였다.

2020년 1월
저자 김연욱

프롤로그

"따르릉~"

벚꽃이 흐드러지게 피어 있는 2019년 봄, 평소 알고 지냈던 허탁 전남대학교 의과대학 교수로부터 전화가 걸려왔다.

허탁은 윤한덕의 레지던트 동기였다.

"윤한덕이 알지?"

"예, 참 안 됐던데요……."

"그 친구 대단한 친구거든. 응급의료에서는 영웅이야! 그래서 말인데, 윤한덕 평전을 쓰려고 하는데 평전 잘 쓸 사람 혹시 있을까?"

나는 글을 쓰는 일을 25년 넘게 해왔다. 윤한덕과도 인연이 있었다. 윤한덕, 허탁과 함께 2009년 겨울 중앙응급의료센터 앞에서 간단히 술 한 잔을 나눈 적도 있었다.

윤한덕이 전남대병원 레지던트일 때 나는 그를 자주 봤다. 하지만 업무적으로 잠깐 마주쳤을 뿐 스치며 지나가던 사이였다.

윤한덕은 응급실을 담당한 의사, 나는 병원 출입기자로 으레 수인사만 하고 지나쳤다. 그와 알게 된 인연은 오래였지만 각자 자신의 길을 걷고 있었다. 윤한덕은 응급의료의 길로, 나는 기자로 각자의 길을 갔다.

허탁이 윤한덕 평전 작가를 찾는다고 해 나름대로 괜찮은 작가를 소개해야 할 것 같았다. 소위 '글쟁이'로 알려진 사람들을 이리저리 찾아보고 연락했다.

그런데 선뜻 써보겠다고 나서는 사람이 없었다. 자기 일이 바빠 많은 시간을 투자해야 하는 평전 작업에 전념할 수 없어 거절 의사를 보였다.

몇몇 작가들과 통화해보고 생각했다.

'나만큼 윤한덕과 인연이 깊은 사람은 없지 않나?'

피상적으로 알았던 윤한덕의 살아온 과정을 언론을 통해 들여다보았다. 생각보다 대단한 사람이었다.

사명감, 책임의식, 헌신, 배려, 열정, 청렴 등등 …….

얼핏 살펴본 그의 삶은 위인의 삶, 그 이상이었다.

그의 숨겨진 의로움을 세상에 널리 알려야겠다는 욕심이 생겼다. 나는 윤한덕 주위 사람들을 많이 알았고 그와 인연도 있었다. 내가 직접 해야겠다고 마음먹었다.

허탁에게 바로 전화했다.

"작가를 찾아봤는데 마땅한 사람을 찾지 못했습니다. 평전을 쓰는데 시간이 너무 오래 걸리고, 윤한덕의 고향인 전라도까지 자주 왔다 갔다 하는 것을 부담스러워하는 것 같습니다. 혹시 괜찮다면 제가 한번 해볼까요?"

"아, 그래, 좋지! 나도 사실은 자네를 가장 적합한 사람으로 생각했었네."

윤한덕 평전 작업은 이렇게 시작됐다.

윤한덕 평전을 쓰기로 한 이후 그를 잘 아는 지인들에게 전화 몇 통을 돌렸다.

그러자 윤한덕과 지내왔던 이야기보따리를 술술 풀어냈다. 내가 아는 사람들만 취재해도 윤한덕의 살아온 흔적을 쉽게 찾을 수 있을 것 같았다.

그러나 윤한덕의 발자취를 찾을수록 관련된 자료가 별로 없어 한계에 부딪혔다.

윤한덕은 매사 정확하고 꼼꼼한 스타일이었지만 자신을 거의 외부로 드러내지 않았다. 자신이 이룬 응급의료의 치적, 대한민국 의료를 발전시킨 그의 행적은 거의 외부에 알려지지 않았다. 윤한덕은 전남대 의대 동문과도 담을 쌓을 정도로 왕래가 없었다.

그가 소속돼 있는 국립중앙의료원 중앙응급의료센터는 각 병원의 응급의료 관련 평가를 주로 하는 곳이다. 오해를 받기 싫어 아예 친구들과 만남을 의도적으로 하지 않았다.

혈연이나 지연 등을 철저히 배제하고 오로지 업무로만 판단했다. 대학 동문 사이에서도 업무 외에 최근 윤한덕을 만난 사람을 찾아보기 힘들었다.

나는 90여 명과 인터뷰하며 그의 흔적을 찾아내기 위해 뛰었다. 자료조사, 탐문, 인터뷰한 내용을 조각조각 꿰맞췄다.

이렇게 10개월에 걸친 작업으로 윤한덕의 행적을 조금이나마 알 수 있었지만 짧은 시간에 그의 50년 인생을 다 파악하기에는 한계가 많았다.

석해균 선장을 살려 아덴만의 영웅으로 이름을 날렸던 외과 의사 이국종도 윤한덕을 영웅으로 생각했다. 윤한덕 만한 의사는 대한민국 10만 의사 중 찾아보기 힘들다고 엄지를 치켜세웠다. 괜한 말이 아니었다. 이국종의 진정 어린 마음이었다. 과장되지도 않았다.

의사로서 윤한덕의 삶을 세상에 널리 알려야 한다는 이야기가 공론화됐다. 윤한덕의 모교인 전남대학교 의과대학 총동창회가 나섰다. 윤한덕의 정신을 기리기 위해 기념사업과 평전 작업에 착수했다. 그중 하나로 윤한덕의 죽음 1주기에 맞춰 『의사 윤한덕』이 세상에 나왔다.

의사 윤한덕은 이렇게 다시 태어났다.

그의 몸은 이 세상에는 없지만, 그의 업적은 대한민국에 길이 남았다. 죽음의 경계를 넘나드는 응급의료 분야에서는 타의 추종을 불허할 정도로 공이 컸다.

평전 작업을 하면서 관련 자료를 수집할 수 있도록 많은 도움을 주었던 민영주 여사에게 고맙다는 말씀을 전한다.

자식을 잃은 아픔에도 아들의 살아온 과정을 담담하게, 어떤 때는 슬픔에 잠기면서도, 끝까지 이야기해 준 윤한덕 센터장의 어머니에게도 감사한 마음이다.

윤한덕과 관련해 평전 작업 제안을 한 허탁 교수와 바쁜 가운데 인터뷰에 응해주신 모든 분에게 감사를 드린다.

평전 출간을 위해 노력을 많이 기울여주신 양한모 전남대 의대 총동창회 회장과 회원, 윤한덕 추모위원회 서해현 위원장을 비롯한 추모위원에게 감사의 말씀을 전한다.

제1부

혼란과 고통

제1장

지옥 같은 응급실

엄마의
흐느낌

1993년 봄 어느 날 오후, 봄날의 나른한 기운은 응급실에도 퍼졌다. 점심을 먹고 난 뒤라서인지 한덕의 몸은 나른했다.

하지만 마음만은 긴장을 늦출 수 없었다. 이제 막 갓 의과대학을 졸업해 인턴(수련의) 근무를 하고 있었기 때문이다. 그것도 사고가 터지면 제일 먼저 환자들이 달려오는 응급실에서 인턴 근무를 하게 된 것이 약간 마음에 걸렸다.

하지만 전남 지역, 그것도 조그마한 지방의 응급실에서 인턴으로 근무하고 있어 큰 부담은 없었다. 환자가 많지 않았고 그나마 낮에는 다른 전문의 선생님들이 있어서 안심됐다. 처음부터 힘든 인턴 과정을 빡빡하게 하면 나중에는 더 수월할 것으로 생각했다.

인턴 과정은 각 임상 과와 병원을 돌아다니며 1년 동안 근무한다. 이날도 평상시와 다름없이 별다른 큰 사고 없이 흘러가고 있었다.

그런데 오후 2시를 지나자 구급차가 경광등을 울리며 적막을 깼다. 119 구급대원들의 응급실로 들어오는 소리가 심상치 않았다. 스트레쳐카(바퀴 달린 환자 운반 침대)를 급하게 밀며 우르르 달려왔다.

환자는 갓 초등학교에 들어간 듯한 사내아이였다. 아이는 얼굴이 피투성이가 된 채 거칠게 숨을 몰아쉬었다. 레저용 차량RV이 후진하면서 아이의 얼굴과 옆구리를 깔아뭉갰다. 얼굴이 함몰됐고 갈비뼈가 으깨어졌다. 아이의 의식은 뚜렷했지만 헐떡이며 거친 숨을 내뱉었다.

순간 한덕은 당황했다. 의과대학에서 이론으로 배웠다지만 막상 아이가 거친 숨을 내쉬며 고통을 호소할 때 어떻게 대처해야 할지 방법이 떠오르지 않았다.

한덕은 급하게 흉부외과 전문의를 찾았다. 그러나 전화를 받지 않았다. 곧바로 신경외과 전문의에게 연락했다. 전화는 받았지만, 응급실에 오지 않은 채 뇌 시티CT 사진을 찍어 놓으라는 주문만 내렸다. 그 사이 아이는 고통을 계속 호소하며 점점 의식을 잃어가고 있었다.

잠시 후 검사결과가 나왔다.

긴장성 기흉이었다. 늑골 골절로 인해 폐 조직이 찢어져 폐에 있던 공기가 새어나가고 있었다. 점점 심장 등을 압박해 빨리 조치하지 않으면 위험했다.

다시 흉부외과에 연락했다. 그러나 전문의는 흉강 침 천자(가슴 속에

액체나 공기가 찼을 때 침을 놓아 이를 뽑아내는 방법) 지시만 내릴 뿐 여전히 오지는 않았다.

한덕은 가슴이 타들어 갔다.

치료 도중에 병원 내 당직 중인 내과 1년 차 레지던트(전공의)를 호출했다. 혼자 이 모든 것을 감당하기는 어려웠기 때문이다. 그 사이 아이의 의식은 급격히 떨어지면서 혼수상태에 빠졌다.

흉강 침 천자 상태로 뇌 CT 촬영실로 이동했다. 그제야 흉부외과 전문의가 도착했다.

시간이 많이 흘러 아이는 이미 세상의 경계선을 넘나들었다.

다시 위험한 상황이 오자 응급실로 이동한 뒤 흉관 삽관을 준비했다. 하지만 미처 흉관 삽관을 하기도 전에 아이는 끝내 사망했다. 병원에 실려 온 지 90분 만이었다.

한덕은 응급실에서 너무 충격적인 죽음을 목격했다. 제때 치료를 받지 못해 어린아이가 허망하게 죽음을 맞은 것이다. 그것도 이제 막 의사를 시작했을 때였다.

아이 엄마는 옆에서 지켜보며 입술이 타들어 갔다. 손은 가느다랗게 떨렸다. 눈동자는 심하게 흔들렸다. 아이가 점점 힘들어하자, 엄마의 어깨는 미세하게 흔들리다 이내 심하게 들썩였다. 숨이 끊어져 가는 아이의 모습을 보며, 엄마는 울음을 삼켰다.

심장 모니터링 기계에 규칙적으로 나오던 파형이 사라지고 그래프가 '------'자로 정지선을 그리자 아이의 엄마는 그 자리에 털썩 주저앉았다.

슬픔을 애써 참으려는 듯 억지로 울음을 참으려고 했다. 소리 내어 울지 않으려 했지만, 목에서 나오는 소리는 어쩔 수 없었다. 나오는 울음소리는 짐승이 흐느끼는 소리 같았다.

차라리 통곡하며 울었더라면, 한덕의 마음도 덜 아팠을 것이다. 억지로 참으려는 엄마의 울음이 오히려 한덕을 더 가슴 아프게 했다. 아이 엄마는 한덕을 붙들고 하염없이 흐느꼈다.

뒤늦게 소식을 들은 아이의 아버지가 응급실에 도착했다. 한덕은 아이 아빠에게 어떤 위로의 말도 건네지 못했다. 담배 한 개비밖에 줄 것이 없었다.

한덕은 마치 죄인인 것처럼 죄책감에 빠져들었다.

'내가 실력이 있었으면 아이를 살릴 수 있었는데…….'

그리고는 이내 무력한 자신이 실망스러웠다.

'환자를 살릴 수 있는데도 살리지 못했다면, 의사라고 할 수 있는가……?'

긴장성 기흉을 알았어도 처치할 방법도 몰랐다. 제대로 처치를 할 정도로 경험이 충분하지 않아 간단한 응급조치를 취할 수밖에 없었다. 의과대학 수업시간에 배웠던 것을 막상 적용하는 것은 너무 어려웠다. 손 쓸 겨를도 없었다. 어린아이에게 아무것도 해줄 것이 없어 마음이 아팠다.

그보다 더 가슴 아픈 것은, 응급환자가 병원을 찾았을 때 제대로 조치를 할 수 없는 의료시스템이었다. 제때 치료를 받지 못하고 죽을 수밖에 없는 불합리한 현실이 안타까웠다. 시스템에 한계를 느꼈다. 전문의들은 응급실에는 아예 내려오지도 않았다. 그것이 더 화가 났다.

대학병원 응급실에 중증 응급환자가 오면 의료진은 급해진다. 기관 삽관intubation*과 같은 응급조치를 빨리하지 않으면 환자의 상태가 더 나빠지기 때문이다. 응급실에서 해당과의 전공의 등을 호출해도 도착하기까지 많은 시간이 걸렸다. 전공의가 수술 중이면 대책이 없었다.

한덕은 이러한 모순을 알고부터 응급의학의 길을 걷기로 한다. 중증 응급환자들이 제때 치료받을 수 있게 하고 싶었다. 시스템을 바꾸어야겠다고 생각했다.

이후 한덕은 긴장성 기흉 x‐ray 사진만 보면 그때가 떠오른다. 눈

---

* 의식이 없거나 스스로 호흡을 하지 못하는 중증 환자에게 시행하는 응급처치이다. 기도 확보 및 유지를 위해 코나 입을 통해 강철로 된 기구를 이용해 플라스틱 튜브를 기도에 넣는다. 튜브를 넣는 과정에서 치아 손상, 인두나 성대에 상처를 낼 수 있다. 말을 할 수 없고, 오래 넣고 있으면 기도가 붓거나 썩게 되어 목에 구멍을 뚫는 기관 절개술로 전환해야 한다.

물을 찔끔거리게 하는 사진이다. 햇병아리 의사 때 생긴 '외상 후 스트레스 증후군'은 평생 그를 따라다녔다. 여전히 그때 죽은 아이 엄마의 흐느낌이 아직도 귀에 맴돌고 있는 것만 같았다. 비슷한 흐느낌이 들릴 때마다 신경이 곤두서고 마음이 조급해졌다.

한덕이 제일 듣기 힘든 것은 자식을 잃은 엄마의 슬픈 흐느낌이었다. 그 아이 엄마의 울음소리가 가슴에 새겨져 지워지지 않았다. 그 울음소리가 어찌나 가슴이 아픈지, 아이를 살리지 못한 아쉬움이 평생 그를 따라다녔다.

기흉

기흉은 허파가 찢어져 바람이 새는 것이다. 자발성 기흉은 위험하지 않지만, 긴장성 기흉은 외상을 입거나 했을 때 갑자기 발생해 위험하다. 자발성 기흉도 긴장성 기흉으로 갈 수 있다.

긴장성 기흉은 들어 마신 바람이 바로 폐에서 새나가 계속 쌓여 심장을 누르는 병이다. 견디지 못한 심장은 마비를 일으켜 환자는 5분 만에 죽을 수도 있어 응급실에 실려 온 환자로서는 위험하다. 수술 준비 중 죽기도 한다. 환부에 소독만 하고 선 처치해야 살아날 수 있을 정도로 응급환자다.

임상경험이 많으면 긴장성 기흉을 대충 알 수 있다. 폐 손상을 받은 환자가 한쪽 폐음이 들리지 않고 기도가 반대쪽으로 밀리면서 혈압이 떨어지면, 긴장성 기흉으로 판단한다.

임상적 판단이 되면 그 자리에서 즉시 해결해야 한다. 그러나 전문가가 아니면 x-ray를 찍어도 10분 내 긴장성 기흉이라는 병명을 알아내기가 쉽지 않다.

죽음의 달
3월

3월이면 의과대학을 갓 졸업한 인턴이 쏟아져 나온다. 전공과를 정한 뒤 이제 막 전공과 관련된 의술을 배우는 레지던트도 이때부터 본격적으로 배우기 시작한다.

새로운 인턴과 레지던트들이 투입되면서 긴장이 많고 치명적인 실수가 발생해 일부 사람들은 3월을 '죽음의 달'로 표현한다.

보통 신규 인턴과 레지던트가 배치되는 3~6월 중에는 의료 실수 가능성이 크다. 이때를 제일 조심해야 한다는 것은 의료계 내부의 공공연한 비밀이다. 수련을 시키는 교수는 물론 인턴, 레지던트도 이 기간 제일 긴장하고 조심한다. 한덕이 제대로 손을 쓰지도 못한 채 아이가 숨진 때도 이때였다.

한덕은 환자를 치료한 경험이 부족해 당시 한계를 느낄 수밖에 없었다. 충분히 연습해도 실제 환자를 치료하는 것과 실습은 다르다는 것을 알았다. 의술을 익히지 못한 상태에서 어린아이가 병원에 왔고 결국 목숨을 잃었다. 실력 부족으로 환자를 살리지 못한 부분에서 죄책감은 들었지만, 응급의료시스템의 부재로 인해 환자를 살리지 못한 부분에 한계를 더 느꼈다.

1990년대 초반, 대학 응급실에서는 응급환자가 오면 당직 인턴이 환자를 먼저 파악한 뒤 상태에 따라 해당 진료과 레지던트에게 연락한다.

보통 1·2년 차 레지던트가 내려와 주치의가 된다. 레지던트 3·4년 차는 보조하는 역할이다. 전문의인 의과대학 교수는 응급실에는 잘 내려 오지 않는다. 대신 외래환자 진료를 전담한다. 이 때문에 응급실이나 중환자실에 입원해 있는 환자의 가족들이 담당 교수를 만나는 것은 무척 어렵다. 면담 신청을 해야 겨우 만날 수 있다.

한덕은 이 부분이 안타깝고 화가 났다. 왜 스태프staff*는 응급실이나 중환자실에 내려오지 않고 수련을 시작하는 레지던트에 많은 부분을 맡기는가? 왜 외래환자만 진료하는가? 전문의가 전공의에게만 맡기지 말고 응급환자를 바로 진료한다면, 훨씬 치료의 질이 높아질 수 있었다.

물론, 레지던트는 전문의가 아니지만 수련하면서 다양한 환자를

---

* 병원에서는 전임의부터 대학교수까지 스태프라고 한다.

보고 치료한 경험이 많아 문제는 없다. 다만, 레지던트가 한 번도 경험하지 못한 증상의 환자를 만났을 때 자칫 실수라도 한다면, 그 환자에게나 가족에게는 돌이킬 수 없는 피해와 상처를 줄 수 있다.

인턴, 레지던트는 실수하더라도 환자를 많이 진료하는 것이 낫다. 그래야 실력이 늘어난다. 특이한 병, 한 번도 경험하지 못한 질환의 환자치료에 한계가 있을 수도 있다. 그렇다고, 한 번 실수했다고 해서 책임을 따진다면 의사들은 방어 진료를 할 수밖에 없다. 사회적으로 더 건강하지 않은 결과를 가져온다. 의사들은 위험 부담을 줄이기 위해 생명과는 관계없는 비응급 분야의 진료에만 매달릴 것이고, 그 피해는 결국 환자에게 돌아올 것은 뻔하다.

환자 치료의 최종 결정이 교수와 같은 전문의에게 있어 여러 단계의 보고 과정으로 치료가 지연되는 것은 심각한 문제였다. 특히 중증 응급환자에게는 신속한 전문의 진료의 손길이 절실하다.

더 심각한 것은 지역에 있는 중소병원의 응급실이었다. 윤한덕이 인턴과 레지던트로 의술을 연마했을 때인 1990년대 중반에는 지방 응급실 당직은 인턴의 몫이었다. 응급실은 고급인력을 둘 수 없는 소외된 곳이었다. 병원경영에 도움이 되지 않는다는 이유로, 경제적 부담이 덜한 인턴이 응급실에 오는 환자의 치료를 도맡았다. 의과대학을 막 졸업한 인턴의 의술은 한계가 있었지만, 지역에 있는 중소병원은 대부분 이렇게 운영했다.

인턴은 1년 동안 병원의 다양한 진료과를 돌면서 의사로서 경험을 쌓는다. 한 진료과에서 2주~2개월 정도 머무르면서 다양하게 의술을 익힌다. 응급실도 그중 걸쳐가야 할 하나의 코스다. 이때 경험은 평생 영향을 미친다.

인턴실습 과정 중 하나가 다른 병원 파견이다. 지역의 중소병원에 파견을 나가면 응급실에 주로 인턴이 배치된다. 인턴은 응급환자를 치료하고, 당직 의사는 퇴근한 뒤 집 등에서 대기하는 '온콜on-call(당직 대기) 형태'가 많다.

윤한덕은 경험 많은 교수들이 응급실을 찾은 중환자들을 진료해야 한다고 생각했다. 그러나 교수들은 지옥 같은 응급실은 오지 않고 외래환자만을 진료했다. 스태프들이 더 적극적으로 나서 응급실에 있는 중증 환자들을 돌보지 못해 안타까웠다.

아수라장 같은
응급실

윤한덕이 인턴과 레지던트를 했던 1990년대 중반 전남대병원 응급실은 환자들로 북새통을 이뤘다.

교통사고로 뼈가 으스러진 대학생, 복통을 호소하며 의사에게 진통제를 놓아달라는 40대 가정주부, 싸운 뒤 흉기에 맞아 피범벅이 된 조직폭력배, 갑자기 쓰러져 심장이 뛰지 않는 50대 중년의 남자, 독감으로 응급실을 찾은 70대 할아버지 등등.

전남대병원 응급실은 중증과 경증이 뒤섞인 다양한 환자들로 붐볐다. 도떼기시장과 다름없었다. 매일 응급실에는 환자가 넘쳐났고 의료진은 환자와 전쟁을 치렀다.

응급실에 온 환자는 누구나 자신이 먼저 치료받기를 원했다. 진료가 늦어지고 있다며 대기하고 있던 환자들은 불만을 터뜨렸다. 술에 취한 취객은 간호사에게 빨리 치료해달라고 고성을 계속 질러댔다.

어떤 이는 싸움을 걸었다. 멱살을 잡는 것은 예사였다.

응급실은 그야말로 하루하루가 전쟁터였고, 의료진은 하루에도 몇 번씩 지옥을 오갔다.

중병을 앓다 응급상황이 닥쳐 전남대병원에 오는 것은 이해하지만, 술을 마신 뒤 사소한 시비가 붙어 다친 취객까지 응급실로 몰려들어 항상 아수라장이었다. 하루도 편하게 넘어갈 날이 없었다. 중증응급환자가 실려 오면, 응급실은 그 환자를 보기 위해 많은 인력이 투입돼 더 복잡했다.

의료진은 마지막까지 환자의 목숨을 붙들기 위해 고도의 집중과 판단이 필요했고, 분초를 다퉜다. 의료진 한 명 한 명이 최선을 다하지 않으면, 언제 환자가 숨질지 몰랐다.

이곳에서 윤한덕은 의술을 배웠다.

1990년 중반 전남대병원 응급실은 50여 병상을 보유했다. 그러나 이보다 2배 정도 많은 100여 명의 응급환자로 항상 북적였다. 교통사고 환자, 갑자기 의식을 잃은 환자, 질병으로 고통을 호소하는 환자, 심지어 취객까지 응급실에 실려 왔다. 하루 이틀이 아니라 매일 쏟아졌다. 하지만 모두를 수용하기에는 한계가 있었다.

응급실 안쪽에는 이동형까지 60~70개 침상이 있지만, 그것도 부족해 그 침상으로는 많은 응급환자를 수용할 수 없었다. 경증 환자도 한 번 응급실에 오면 다른 병원으로 옮기는 것을 싫어했다.

이들을 모두 수용하기 위해 의료진은 간이침대를 놓고 환자들을 진료했다. 병원 침실이 아니라 응급조치로 만들어진 일회용 침대였다. 임시로 환자들을 수용할 수 있는 조치였다.

응급실에 들어오지 못한 환자는 응급실 원무과 밑에 매트리스를 깔고 누웠다. 병원은 10~20개를 항상 깔아놓고 상태가 안 좋은 중환자들에게 그 자리에 눕도록 권유했다.

응급실 복도가 길지는 않지만, 짧은 복도에 양옆으로 환자들은 항상 뒤엉켰다. 설상가상, 보호자들이 옆에서 몸을 웅크리고 자기도 해 더 복잡했다.

심지어 이곳에서 어떤 환자들은 2~3일을 머물렀다.

매트리스에 누워있는 환자는 그나마 다행이었다. 매트리스도 없으면, 환자는 스스로 복도 바닥에 드러누웠다. 바쁘게 달려가던 의료진이 환자의 다리를 밟는 일까지 종종 벌어졌다. 의료진이 실수로 응급환자의 머리를 치고 가는 일도 있었다.

응급환자든 비응급환자든 간호사는 혈압만 재고 돌아갔고, 순서가 안 된 환자는 무작정 기다렸다. 30분 뒤에 의사가 가면, 그 사이 환자는 간혹 죽어 나갔다. 환자가 밀려 있어 의사의 손길 한번 받아보지 못한 중증 환자가 많았다.

전남대병원의 응급실은 포화상태였다. 의료진이 환자 모두를 응급치료할 상황이 아니었다. 한명 한명 환자를 진료하면서 순서대로 환자를 돌봤다. 진료가 늦어진 환자들은 불평을 쏟아냈다. 다른 병원에서 오는 환자의 전원轉院(병원 간 이송)은 거의 받지 못했다.

심폐소생술cardiopulmonary resuscitation, CPR*을 할 정도로 응급환자가 발생하면, 의료진은 한꺼번에 그 환자에게 몰렸다. 심폐소생술은 보통 10~20분 이상은 해야 한다. 그 사이, 다른 중증 환자가 오더라도 못 보게 돼 죽을 우려도 있었다.

진짜 아파서 온 사람은 이해하지만, 술 먹고 온 사람도 많았다. 이들은 술에 취해 처음부터 의료진에게 시비를 걸었다. 그런 사람이 오면, 다른 환자를 아예 못 봤다. 112에 신고해도 경찰은 안에 들어오지 않고 가버리는 일이 자주 있었다. 1~2시간 정도 난리 치면, 응급실은 난장판이 됐다.

심전도를 할 때도 침대를 따로 다른 곳으로 이동할 수 없어 응급실에 커튼을 한 채 그 자리에서 여자 환자의 상의를 벗겨 응급조치했다. 좁은 침상 사이를 비집고 환자를 가릴 커튼이 들어올 공간이 없을 때도 있었다. 인권까지 신경 쓸 겨를이 없었고, 달리 대안 마련이 어려웠다.

---

* 심장의 박동과 호흡이 멎은 상태를 정상으로 회복시키는 중요한 응급처치다. 가슴을 반복적으로 누르고 입으로 공기를 불어 넣는 인공호흡을 한다. 부작용으로는 갈비뼈가 부러져 심장과 폐의 손상, 기흉이 생길 수 있다.

윤한덕과 허탁은 응급실의 시설과 장비 문제를 자주 이야기하며 분노를 참지 못했다.

둘은 전남대병원 응급의학과 레지던트 첫 전공의로 수련을 함께 받고 있었다. 전남대 의대 82학번인 허탁은 한덕의 대학 4년 선배였지만, 1994년부터 한덕과 레지던트 4년을 함께 지냈다. 허탁은 군 제대 후 레지던트 과정에 들어왔기 때문이다.

한덕과 허탁은 우선 응급실 공간이 협소해 너무 불편한 것을 문제 삼았다. 환자는 물론 의사들까지 베드가 놓인 사이사이 비좁은 공간을 억지로 밀치고 들어갔다. 일부 환자는 다리가 침대 사이로 끼는 웃지 못할 일이 벌어졌다.

장비도 터무니없이 부족했다. 의료용 모니터가 부족해 옆에 있는 모니터를 뜯어 임시로 붙이는 일도 다반사였다. 간호사들은 모니터를 바꿔 끼우는 것이 중요한 일 중 하나였다.

전남대병원 응급실은 '하드웨어'는 물론 '소프트웨어'가 부족해 총체적으로 난국이었고, 의료진은 이를 어떻게 해결해야 할지 몰랐다.

한덕은 허탁에게 말했다.

"형! 응급실의 총체적 난국을 어떻게 해결해야 합니까?"

"그래, 정말 심각한 문제다. 우리뿐만 아니라 전국 병원 응급실 모두가 다 똑같은데, 참 어떻게 해결하나……."

"형! 우리 응급실을 폭파한 뒤 새로운 공간으로 조성합시다."

"나도 그렇게 하고 싶은 마음이 굴뚝같다."

중증 환자와 경증 환자를 구분하는 체계도 없었다. 경증 환자와 중증 환자가 뒤섞여 경증 환자 옆에서 중증 환자 심폐소생술을 하는 것도 허다했다. 지옥 같은 풍경이었다.

광주·전남 지역 병원 중 유독 전남대병원 응급실에만 환자가 집중적으로 몰렸다. 가까운 거리에 있는 다른 대형병원 응급실은 비교적 한산했다. 인근 종합병원에는 몇 명의 응급환자만 있을 때도 있었다.

전남대병원 응급실에는 왜 매번 환자가 넘쳐났을까? 마음의 위안을 얻으려는 환자들 때문이었다. 일종의 자기만족이었다. 광주·전남에서는 제일 큰 전남대병원 응급실에서 진료를 받아야 그나마 심리적으로 안심이 되었다.

환자가 밀려 있는 상태에서 119 구급대가 환자를 또 싣고 오면, 의사들은 인근 조선대 병원으로 보내기 바빴다. 그나마 유순한 환자는 순순히 받아들였다. 그렇지 않으면 막무가내로 버텼다.

당시 응급의료에 대한 개념이 거의 없을 때였다. 응급실은 도떼기시장이었고, 방치돼 죽은 사람도 그 수를 헤아릴 수 없었다.

응급의학이 존재하지 않던 시절의 응급의료란, 전문분야에 상관없이 의료진이 돌아가며 당직근무를 하는 것에 불과했다. 응급실에 응급실장이라는 보직이 있었지만, 응급실만을 전담하는 의료진은 없었다. 내과, 외과, 산부인과 등 각 진료과를 전공했던 전문의들이 돌아가면서 맡았다. 응급실에는 주인이 따로 없었다.

당시 서울대병원 응급실도 마찬가지였다. 바닥에 환자가 매트리스를 깔고 누워있었고, 인턴이 주로 진료했다. 환자가 오면 응급상황에 맞는, 신속한 전문의의 치료가 거의 이루어지지 않았다. 전국 국립대 상황이 거의 비슷했다.

빅5 병원(서울아산병원, 삼성서울병원, 세브란스병원, 서울대병원, 서울성모병원)도 지금의 동네 응급실보다 더 못했다. 환자 구역이 따로 분리된 것이 아니라 커다란 홀에 환자들을 한꺼번에 몰아넣었다. 응급의료의 이 같은 문제점은 우리나라만의 문제는 아니었다. 다른 나라도 응급의료 문제로 골머리를 앓았다.

일분일초를 다투는 응급환자들이 피를 튀기고 죽어 나가는 응급실은 윤한덕에게는 '지옥'이었다. 응급실은 넘쳐나는 환자로 아비규환이었지만 환경은 열악했다. 치료도 중요하지만 환자를 잘 치료하는 시스템을 갖추는 것이 우선이었다.

윤한덕은 인턴, 레지던트 시절 때 응급실에서 많은 죽음을 봤다. 환자의 삶과 죽음의 갈림길에서 의사가 어떤 역할을 하고, 응급실에서 어떤 일을 해야 하는지 느꼈다.

그 시기에 체계적으로 응급의료를 가르치고 지도할 역량 있는 사람이 많지 않았다. 응급의료 초창기였기 때문에 말 그대로 아수라장이었다. 환자 살리겠다고 의사를 했는데, 오히려 환자 죽는 모습을 자주 보니까 의사의 본분이 무엇인지 괴로웠다.

환자를 신속하게 처치하지 못해 숨진 사건들, 본인이 제대로 못 배워 실기한 사건들에 대해 마음이 아팠다. 윤한덕은 그런 사례 하나하나를 볼 때마다 공분했다.

'내 가족이었다면 어떻게 했을까? 내 가족이었으면 그렇게 치료했을까?'

응급실 과밀화 시스템에 레지던트들은 대부분 순응했다. 어쩔 수 없는 상황이었다고 포기했고 시스템을 바꾸려 하지 않았다. 한덕은 그것을 싫어했고 분노했다.

다른 의료진은 적응하고 끝내려고 했지만, 그는 시스템을 바꾸려고 했다. 매트리스를 깔아 임시로 환자를 수용하는 것보다 응급의료 시스템 정비가 우선이었다.

한덕은 응급의학과 레지던트 때 다른 과 선생님들을 호출하면서 일일이 시간을 쟀다. 조금이라도 늦으면 책임을 묻기 위해서였다. '7시 환자 도착, 7시 10분 레지던트 콜, 7시 30분 도착' 이런 식으로 적었다.

이렇게 일일이 다 적으니까 다른 과 레지던트는 싫어했다. 보통 응급의학과 소속 다른 레지던트는 호출 시간을 적지 않았다. 레지던트끼리 서로 싸우는 게 싫었기 때문이다.

한덕은 차트에 콜 시간을 적는 칸을 따로 만들었다. 콜을 언제 주고받았는지 일일이 기록한 차트다. 응급실에 위중한 환자가 있어 해당 과에 호출했는데 늦게 온 것은 그쪽 사정이었다. 환자 처지만 생각했다.

응급실에 환자가 왔는데 레지던트가 콜을 받고도 1시간 늦게 오면, 한덕은 응급실 일지에 '안 왔다'라고 적었다. 담당 레지던트는 "네가 왜 그렇게 썼냐?"고 따졌다. 한덕은 "환자 처지에서 기록을 남기는 게 좋을 것 같아 적었다."라고 티격태격했다.

한덕은 욕을 먹어도 상관없었다. 나중에 환자에게 문제가 생기면 담당 진료 교수 또는 진료과장에게 따졌다. 전해 들은 교수도 당황스러웠다. 고자질한다고 생각해 한덕을 싫어했다. 한덕은 주위 사람 눈치 보지 않고 환자 위주로 시스템을 개선할 생각이었다.

무너진 백화점과
성수대교

한덕이 인턴을 막 시작할 때부터 때마침 대형사고가 잇따랐다.

1993년 3월 부산 구포역 인근 삼성종합건설 공사현장에서 무궁화호 열차가 전복됐다. 이 사고로 78명이 숨졌고, 198명이 다쳤다. 한국 최악의 철도사고였다. 서울역에서 부산으로 가던 무궁화호 열차가 물금역을 통과한 뒤 구포역 인근 선로 노반이 침하 된 것을 발견했다. 급하게 정지하려 했지만, 제동거리가 짧아 기관차, 발전차, 객차 2량 등 총 4량이 탈선·전복됐다.

4개월 뒤인 1993년 7월, 승객과 승무원 등 106명을 태운 김포발 목포행 아시아나 항공 보잉 737기가 전남 해남군 화원면 야산에 추락했다. 이 사고로 기장과 승객 등 66명이 숨졌다. 추락한 기체는 형체를 알아볼 수 없을 정도로 크게 파괴됐다. 국내에서 발생한 항공기 사고로는 최대 참사였다.

1993년 10월 또다시 대형사고가 터졌다. 전북 부안군 위도에서 110톤급 여객선 서해훼리호가 침몰해 292명이 사망했다. 훼리호는 362명의 승객과 화물 16톤을 싣고 위도 파장금항을 떠나 부안 격포항으로 갈 계획이었다. 그런데 임수도 부근 해상에서 돌풍을 만났고, 회항하려고 뱃머리를 돌리던 도중에 파도를 맞아 심하게 흔들리면서 곧바로 전복되고 가라앉았다.

1994년도에도 각종 대형사고가 잇따랐다.

10월 21일 서울 성수대교가 무너져 17명이 다치고 32명이 사망해 총 49명의 사상자를 냈다. 성수대교를 통과하던 승합차 1대와 승용차 2대, 시내버스가 추락해 등굣길의 학생들을 비롯한 승객들의 목숨을 앗아갔다.

3일 뒤인 24일 충주호에서 유람선에 화재가 발생해 전소됐다. 이 사고로 30명의 사망자 또는 실종자가 생겼다.

12월 7일 서울 아현동에서 도시가스가 폭발했다. 한국가스공사 아현밸브스테이션 지하실에서 다량 방출된 가스가 환기통 주변 모닥불 불씨에 점화되어 터졌다. 이 사고로 사망자가 12명, 부상자 101명의 인명 피해와 물적 피해 및 이재민 등을 합해 피해자가 500여 명이 넘었다.

1995년에 발생한 사고는 규모가 더 컸다.

1995년 4월 28일 대구광역시 달서구 지하철 공사현장에서 가스가 폭발했다. 이 사고로 101명이 숨졌고 202명이 다쳤다. 공사장에서 지반을 다지기 위한 공사를 하던 중 가스관이 파손되면서 새어 나온 가스가 하수관을 타고 지하철 공사장으로 흘러들어 괴었다가 터졌다.

두 달 뒤인 6월 29일 서울 삼풍백화점이 무너졌다. 이 사고로 사망자 502명, 부상자 937명, 6명이 실종됐다. 삼풍백화점 붕괴사고는 설계부터 시공, 유지관리까지 총체적 부실로 야기된 참사였다.

1993~1995년은 국내에서 발생한 각종 대형사고로 응급의료의 중요성이 크게 부각 되었다. 일련의 대형사고가 이어지면서 응급환자 치료에 관심이 높아졌다.

응급의료에 대한 사회적 공감대가 형성됨과 동시에 응급환자를 제대로 치료할 수 있는 선진국형 체계로의 개선이 필요하다는 의식이 커졌다.

한덕은 날마다 죽어 나가는 환자를 보며 안타까웠다. 환자를 잘 치료할 수 있는 시스템을 만들고 싶었다. 그것이 바로 더 많은 생명을 살리는 길이라고 느꼈다.

수준 높은 응급의료 혜택이 모든 국민에게 돌아가기를 바랐다. 당시 응급실은 다른 의료분야보다 더 열악했다. 환자를 잘 치료할 수 있는 시스템을 만들고 싶었다.

한덕은 응급의료시스템을 개편하려는 생각을 점점 구체화했다.

의사의 길

의사의 길은 험난하다. 의대에 입학하기도 힘들지만, 입학 이후에도 무수한 과정을 통과해야 한다.

의대생은 예과 2년, 본과 4년 총 6년 동안 의과대학에서 공부한다. 이후 의사 국가고시를 치르고 합격하면 일반의GP, general practitioner라고 부른다. 일반의는 개업해도 되고, 혹은 인턴(수련의), 레지던트(전공의) 과정을 밟기도 한다.

더 세부적으로 공부를 하고 전문의 시험을 통과하면 전문의Specialist가 된다. 전문의가 되기 위해서는 인턴 기간 1년, 레지던트 기간 3~4년을 거쳐 전문의 시험 통과가 필수다.

전문의 시험에 합격하면 대학병원의 전임의로 남을 수 있는데, 전임의를 펠로우fellow라고 한다. 보통 전임의 - 조교수 - 부교수 - 교수 순으로 올라가는데 전임의부터 스태프staff다.

취업 형태에 따라 대학병원 교수 - 봉직의 - 개원의로 나뉜다. 봉직의는 소위 페이닥터라고 불리는 직업으로, 영어 단어 그대로 대학이든 병원이든 고용되어 일하는 의사다.

개원의는 자기 의원을 차려 원장이 되어 의료사업을 하는 것이다. 한국 사회 분위기상 대부분 전문의 자격을 취득하고 개원하는 것이 일반적인 과정이다.

의사가 되는 세부적인 과정은 다음과 같다.

수련의

수련의는 인턴이라고 하며, 의과대학을 졸업하고 의사 면허를 받은 뒤 임상 수련을 진행하는 사람을 말한다. 보통 1년을 하며 병원 안 여러 진료과를 돌거나 외부 병원 파견을 나간다.

전공의

레지던트라고 흔히 알고 있는 전공의는 인턴 과정을 마치고 난 후 전공을 선택해 전문적인 임상 수련을 받는 의사다. 3~4년 동안 대학병원 같은 수련병원에서 혹독한 훈련과정을 거친다. 병원마다 약간 다르기는 하지만, 보통 전공의 1년 차 레지던트는 환자의 주치의로 지정이 된다. 2년 차는 중환자 주치의, 3년 차가 되면 병의 난이도가 높은 환자의 진료를 담당한다. 4년 차는 치프chief라고 부른다.

전문의

전공의 과정을 다 거친 후에 응급의학과 등 해당 분야에서 전문의 자격시험에 합격한 의사를 말한다. 전문의 자격증을 취득한 후에는 개업하거나 봉직의, 대학병원 교수 등으로 활동한다.

일반의

일반의는 의과대학을 졸업하고 난 후 의사 국가고시에 합격한 의사다. 보통 특정 분야의 전문 진료과를 표기하지 않는 경우가 많다.

전임의

펠로우fellow라고 부른다. 전임의는 전문의 자격을 취득하고, 같은 진료과목이라도 더욱 세분화한 전문성을 갖추기 위해 노력한다. 의과대학의 교수가 되기 위해서는 전임의 과정을 반드시 거쳐야 한다.

까치머리
수련의

윤한덕이 인턴을 할 때 큰누나 윤미향의 초등학교 다니는 아들이 놀다가 어깨를 심하게 다쳤다. 동네 의원들이 문을 닫을 무렵인 오후 6시였다.

윤미향은 아들을 데리고 서둘러 전남대병원 응급실로 달려갔다. 당시 한덕은 인턴 수련을 받고 있었다. 하지만 동생에게 연락하기가 어려웠다. 항상 피곤함에 찌들어 있는 모습에 애잔한 마음이 들어 동생을 불러내는 것이 미안했다. 직접 치료를 받고 갈 생각이었다.

윤미향 아들의 어깨 상태를 살펴본 의사는 말했다.

"일단 더 자세히 검사해봐야 알겠지만, 수술할 수도 있을 것 같습니다."

"네? 수술해야 할 수도 있다고요?"

"네, 수술이요."

윤미향은 겁이 덜컥 났다.

이제 초등학생인 아들에게 수술을 시키면 혹시 모를 후유증에 대한 염려 등으로 머리가 복잡했다. 수술이 부담돼 다른 방법이 없을까 고민했다. 해결방법을 찾기 위해 동생을 불러내야 할 것 같았다. 할 수 없이 동생에게 연락했다.

잠시 후 동생 한덕이 부스스한 모습으로 나타났다. 오랜만에 동생의 얼굴을 보니 마음이 아팠다. 잠을 항상 못 잔 것 같았다. 머리카락도 까치머리처럼 곳곳이 삐져나왔다. 얼굴에는 피곤이 잔뜩 묻어 있었다. 한덕은 평상시 잠이 많아 누나들이 항상 깨워줬지만, 의과대학에 들어가면서부터 잠을 많이 못 잤다.

"한덕아! 의사 선생님이 수술해야 한다고 하는데, 꼭 해야 하냐?"

"누나, 잠깐 있어 보소."

"왜? 다른 방법을 찾아보게?"

"응, 수술 않고 치료할 방법을 알아볼게."

한덕은 어디론가 잰걸음으로 사라졌다. 잠시 후 잘 아는 것처럼 보이는 다른 의사와 함께 돌아왔다.

의사는 아이의 어깨를 잡고 상태를 살펴봤다. 이윽고 가볍게 팔을 흔들어보았다. 그러더니, 이내 순간적으로 팔을 돌렸다가 쑥 위로 집어넣었다. 팔이 맞춰진 것 같았다. 수술했으면 복잡할 뻔했는데 팔이 약간 비틀어졌다며 그것을 교정해줬다.

수술할 상황인데도 조카를 위해 또 다른 치료방법을 찾아 해결해 준 동생이 고마웠다. 동생에게 부담을 줄 것 같아 그냥 치료받고 가려 했는데 다행이었다.

윤미향은 동생에게 고맙다고 말한 뒤 한마디 덧붙였다.

"그런데 한덕아, 머리카락이 삐져나왔다. 머리 좀 빗어라."

"누나, 머리빗을 시간이 어딨어?"

한덕은 멋을 부릴 줄 몰랐다. 쪽잠을 잔 뒤 항상 부스스한 모습으로 다녔다.

인턴 때 가족들이 찾아가는 것이 미안했다. 차 한잔 사주고 싶었지만 가지 않았다. 잠이 부족해 안 찾아가는 게 도와주는 것으로 생각했다.

한덕은 여느 인턴처럼 병원에서 먹고 자며 수련했다. 한덕은 고교 동창이자, 대학 동창, 그리고 휴학까지 같은 해에 한 김용권과 함께 숙소를 썼다. 인턴 4명이 같은 방을 사용했다. 김용권과 한덕은 본과 2학년 때부터 거의 붙어 다녔다. 폴리클리닉Poliklinik(임상 실습)*도 2년을 같이 해 서로 친했다. 김용권은 인턴 생활도 한덕과 함께, 그것도 한 방에서 같이 사용했다. 한덕은 밑에 있는 침대를, 김용권은 바로 위 침대를 썼다. 한덕은 김용권보다 항상 바로 앞 인턴이었다.

---

* 폴리클리닉은 의과대학 학생들이 병원에서 각 과를 돌며 실습할 때 부르는 말로 PK 학생이라고 한다. 임상 과에서 병원 실습을 했다. 그것도 수업이었다.

인턴 수련을 받는 사람이 한 조로 짜여 있으면, 수련하는 과정도 똑같았다. 단, 함께 나갈 수는 없고 한 명이 나가면 그 뒤 순번을 정한 후 다음 인턴에게 인수인계하는 식이었다. 순서는 한덕이 항상 앞 인턴을 했다. 김용권은 한덕이 했던 수련과 인턴을 그대로 물려받는 형식이었다.

이 때문에 김용권은 인턴이 상대적으로 수월했다. 한덕이 먼저 인턴을 경험하고 노하우를 알려주면 그대로 따라 하면 됐다. 한덕은 환자가 오면 진료는 물론 진단, 서류를 검토하고 작성하는 것이 빨랐다. 김용권은 이런 한덕에게 도움을 많이 받았다. 모르는 부분이 있으면 한덕에게 물어봤다.

인턴을 하면서 이제는 전공의(레지던트) 과정을 선택해야 한다. 전공 선택은 의사로서 남은 인생을 좌우하기 때문에 중요하다.

어떤 사람은 돈을 많이 버는 과를 선택할 것이고, 어떤 사람은 편한 과를 택해 편하게 살 생각을 할 것이다. 또 의료사고에 대한 위험부담을 피하려는 사람은 사고가 날 우려가 없는 과를 선택하려는 경향이 있다.

한덕에게도 전공과 선택은 당연히 거쳐할 과정이었다. 전공과 선택에서 가장 큰 영향을 미쳤던 요인은 인턴을 하면서 긴장성 기흉으로 온 사내아이를 살리지 못한 일이었다. 인턴을 막 시작하면서 겪었던 그 사건은 충격이었고 평생 아픔처럼 한덕을 따라다녔다. 의대를 막 졸업한 인턴에게 그 환자를 치료하는 것이 너무 버거웠지만 전문의가 제때 내려와 치료했으면 살릴 수 있었을지도 모른다는 생각이 가시지 않았다. 이 때문에 응급실에서 죽어가는 환자를 제때 살리기 위해 한덕은 응급의학과를 선택한다. 그는 이곳에서 응급의료시스템을 새롭게 구축하고 싶었다.

응급의학과는 신생 과였다. 신생과는 보통 잘 가지 않으려 한다. 더욱이 응급의학은 쉴새 없이 쏟아지는 응급환자로 인해 꺼린다. 한덕은 남들이 잘 가지 않는 응급의학과에서 전공의 생활을 할 계획이었다.

1993년 8월, 국립대 중에서는 전국 최초로 전남대에 응급의학과를 개설했다. 한덕은 그해 3월부터 인턴을 하고 있었다. 초대 과장은 흉부외과 출신 민용일이었다. 그는 심장 수술의 권위자였다.

민용일은 당시 인턴 중 한덕을 눈여겨봤다. 꽤 괜찮은 친구였다. 일도 잘하고 열정도 있었으며, 무엇보다 응급의학과를 하려는 마음도 있었다. 민용일은 신생 과라서 일이 많아 열정적이고, 인턴 중 가장 샤프했던 한덕을 데리고 일하고 싶었다. 어느 날 한덕은 응급의학을 전공하고 싶다고 민용일에게 말했다.

"너는 응급의학과에 왜 오려고 하느냐?

민용일이 물었다.

"새로운 학문을 하고 싶습니다."

응급실은 많은 환자가 혼재해 있었고, 다른 진료과와 항상 접촉하는 복잡한 곳이었다.

민용일은 한덕을 활용하면 일이 효율적으로 돌아갈 것으로 보였다.

"첫 레지던트이니까, 네가 응급의학과를 원한다면 무조건 뽑아주마!"

한덕과 약속했다.

한덕은 응급의학과에 쉽게 합격할 것 같았다. 과장이 무조건 뽑아주겠다는 말은 한덕을 안심시켰다.

한덕은 응급의학이 새로운 학문이었기 때문에 더욱 배우고 싶었다. 전체 의료시스템을 파악하기 위해서는 응급의료가 가장 적합했다.

그러나 응급의학과 입성에 갑자기 차질이 생겼다. 신생과 치고 응급의학과를 오려는 지원자들이 생각보다 많아 경쟁률이 높아졌다.

민용일도 당황했다.

지원자들은 전공의를 하기 전에 해당 과장에게 지원하겠노라고, 이야기하는 것이 관행이었다. 한덕을 포함해 4명이 민용일에게 지원 의사를 밝혔다. 민용일은 일부 지원자에게 다른 과로 전환을 하면 어떻겠냐고 설득을 시켰지만 한번 결정한 계획을 응시자들은 꺾지 않았다.

할 수 없이 전공의 채용을 위한 시험을 볼 수밖에 없었다. 응급의학과 입학시험에 2명 정원에 4명이 지원했다. 윤한덕과 허탁 두 사람이 선발됐다. 전남대 응급의학과 1기였다.

한덕이 응급의학과에서 전공의 과정을 밟을 때 응급의학에 관한 정의가 없었다. 법에도 따로 명시돼 있지 않고, 의사들이 응급상황을 판단하도록 기본만 되어있었다.

그렇지만 한덕은 응급의학과 전공의를 향한 첫발을 힘차게 내디뎠다.

응급의료체계 구축 과정*

우리나라는 1990년대부터 본격적인 응급의료시스템 구축이 진행되었다. 대한민국 응급의료체계의 구축 과정은 시기적으로 제도 도입기(1990~2000년), 양적 성장기(2001~2005년), 질적 성장기(2006~2010년), 선진제도 운영기(2011~2015년)로 구분하고 있다.

미국과 유럽은 1960년대 이후 국가가 응급의료 지원에 적극적으로 나섰다. 응급환자를 위한 별도의 조직을 운영했다. 반면 우리나라는 미국이나 영국을 비롯한 선진국들과 비교해 응급의료 수준이 낮았다. 중요성도 인식하지 못했다.

1990년대 초반부터 시작한 열차 전복사고를 비롯해 각종 대형사고를 겪으면서 응급의료의 체계화가 절실한 상황이었다.

1993년 6월, 응급의료에 관한 법률(법률 제4730호)이 공포됐다. 1994년 응급의료에 관한 법률의 공포는 국내 응급의료체계 구축의 시발점이 되었다. 법이 갖춰지면서 응급의료의 토대가 만들어졌다.

---

* 서원석 외, 『2013 경제발전경험모듈화사업:응급의료체계구축 프로그램』, 기획재정부, 2014.

응급의학이 전문과목으로 인정되는 시기도 이때였다. 응급의학과 전문의와 응급구조사 제도를 도입하면서 대한민국의 응급의료 전문 인력 양성의 길이 터졌다.

먼저 응급의학과 전문의 제도가 도입됐다.

1987년 영동 세브란스병원이 우리나라 최초로 응급의학과를 개설했으며, 1989년부터 응급의학과 전공의 수련을 시작했다.

1989년 12월 대한응급의학회가 창립됐다.

1990년부터 시작된 전국적 응급의료체계 구축을 시작으로 본격적인 서구적 모델의 응급의학이 도입됐다.

1995년에 응급의학이 전문과목으로 인정돼 1996년 2월 제1회 전문의 시험을 통해 51명의 응급의학과 전문의가 배출됐다.

응급구조사 제도는 1991년부터 있었다. 법이 아니라 보사부령으로 자격증을 주는 제도였다. 1995년부터 응급구조사 양성이 본격화됐다. 전문대학에 1급 응급구조사 양성을 위한 응급구조과를 개설했다. 병원 전 단계에서 응급의료를 제공할 수 있는 인력을 양성해 응급의료서비스 제공 및 응급환자 처치의 개선이 이루어졌다.

1995년 11월 제1회 응급구조사 자격시험을 시행해 1급 347명, 2급 363명의 응급구조사를 배출했다.

전공의

한덕이 레지던트 1년 차 때, 완전 혼수상태로 실려 온 환자가 있었다. 몸은 전혀 움직이지 못했다. 약간 호흡은 있었지만, 뇌사상태나 마찬가지였다.

한덕은 과장인 민용일에게 보고했다.

"환자가 코마coma(혼수상태)입니다."

"그래?"

"네, 장기이식을 검토해야 할 것 같습니다. 과장님."

"우리 병원에서는 장기이식을 할 수 없을 것 같은데……."

당시 전남대병원 사정상 장기이식을 할 상황이 아니었다. 환자를 인근 조선대 병원으로 옮겼다. 조선대 병원에서는 장기이식도 가능했다.

의식이 전혀 없던 환자가 서서히 의식을 되찾으면서 한참 후 정상으로 돌아왔다. 그리고는 잠시 후 깨어나 대뜸 화를 냈다.

"내가 누워있는데, 장기 이식하자고 한 사람 누구야?"

환자는 치료 과정을 똑똑히 기억했다. 무의식 환자가 치료 과정을 모두 기억하고 있다는 것이 이상했다. 나중에 알고 보니 복어중독 환자였다. 복어중독 환자를 한덕이 뇌사상태 환자로 오진한 것이었다.

복어중독 환자는 입술 마비부터 시작해 지각知覺마비가 이루어진다. 나중에는 운동마비, 호흡근 마비를 일으켜 죽는다. 그러나 의식은 있다. 복어중독 환자는 뇌사처럼 보인다. 그때 우리나라에는 뇌사와 관련한 정확한 지침 등도 갖추어져 있지 않았다.

이 환자는 의료진들이 나눈 이야기를 모두 듣고 있었다. 의식이 멀쩡한 자신을 뇌사상태 환자로 치부해 화가 났다. 다행히 화풀이만으로 마무리했다.

한덕은 그 환자를 보고 이후 새로운 환자가 의식불명이 되어서 오면, 그만큼 더 주의해야겠다고 생각했다. 응급실에서 실수가 항상 벌어질 수 있다는 것을 명심하고 신경을 많이 썼다.

이후, 살이 시커멓게 된 환자가 왔다. 옷에서는 심한 악취가 풍겼다. 상당 기간 씻지 않은 모습이었다. 노숙자였다. 한덕은 환자를 보고 아픈 부위를 찾았다. 환자는 팔이 아프다며 고통을 호소했다.

팔을 열어봤다. 소독하고 자세히 들여다보니, 조그만 물체가 꿈틀거렸다. 구더기였다. 오랫동안 치료하지 않고 그대로 내버려 둬 팔 속에 구더기가 들어있었다. 환자의 팔을 소독하고 구더기를 꺼냈다.

한 마리를 꺼내자 상처가 난 팔 안에 또 한 마리가 스멀스멀 기어 다녔다. 또 한 마리를 뺐다. 노숙자의 팔 안에는 구더기 몇 마리만 있는 것은 아니었다. 많은 구더기가 환자의 팔 속을 파먹고 있었다. 한덕은 환자의 몸에서 구더기를 밤새 빼냈다. 모두 100여 마리의 구더기를 일일이 핀셋으로 집어냈다.

한덕은 레지던트 과정 때 환자를 어떻게 잘 치료할까 고민했다. 다른 레지던트와 마찬가지로 병원에서 상주하며 환자를 돌봤다. 환자가 응급실에 오면 해당 진료과의 레지던트를 신속히 호출했다.

하지만 생각대로 되지 않았다. 해당 진료과도 나름대로 바빴다. 수술이 있기도 했고, 기존에 입원해 있던 환자가 응급상황에 빠지면 새로운 환자가 오더라도 빨리 내려오지 못하는 경우가 많았다.

그렇지만, 응급실에는 입원실에 있는 환자보다 중증 환자들이 더 많았다. 응급실에서 응급처치를 신속히 하면 해당 진료과에서 곧바로 백업해주기를 바랐다. 하지만 현실은 그렇지 못했다. 전문의는커녕 전공의도 응급실에 잘 내려오지 않았다.

한덕은 환자가 응급치료를 받기 위해 왔는데 해당 과에서 안 내려오면, 차트를 들고 과장 방으로 쫓아갔다. 환자가 위급한데 왜 환자를 치료하러 빨리 내려오지 않냐고 항의했다. 특히 정형외과에서는 그런 상황이 많았다. 환자에게 필요한 물품을 안 주면 망치로 문을 깨고 가져왔다.

제약회사로부터 받는 불법 리베이트를 방지하기 위해 한덕은 다른 제약회사의 약을 먼저 주문해 쓰는 일도 있었다. 일부 과는 한덕의 그런 모습을 곱지 않은 시선으로 바라봤다.

한덕이 근무할 당시 레지던트 1, 2년 차는 보통 병원에서 상주했다. 한 달에 한 번 정도 집에 갔다. 3년 차부터는 출·퇴근이 가능했다. 4년 차는 환자를 안 봤다.* 4년 차는 치프chief로서 후배들을 위한 백업을 하는 사람이었다. 후배들이 일을 제대로 처리하지 못하거나 실수할 때 바로 잡아줬다.

다른 진료과와 달리 응급의학과 소속 레지던트는 입원환자가 없어 출·퇴근이 가능하고 온·오프가 확실했다. 야간 근무가 끝나는 아침 8시에 모두 집으로 들어갔다. 환자가 없으면 여유를 찾기도 하고 게임도 즐겼다.

하지만 한덕은 3, 4년차에도 집에 들어가지 않고 계속 병원에서 잤다. 한덕은 레지던트 3년 차 때 결혼했지만, 한 달에 한 번 정도 집에 들어갔다. 그 당시에도 가정보다 환자를 돌보는 것이 우선이었다.

한덕은 일할 때면 손으로 턱을 바치고 계속 컴퓨터만 쳐다본다. 담뱃재 떨어지는 줄도 모르고 모니터를 보고 집중한다. 한 번 하면 끝

---

* 현재는 치프가 백업도 하지만, 환자도 진료한다.

장을 보는 스타일이었다. 자리에 앉으면 일이 끝날 때까지 몰두했다.

일이 진행되지 않으면 줄담배를 피웠다. 잠을 쫓기 위해 커피믹스를 밤새 내내 마셨다. 새벽까지 일을 마치고 그때야 잠이 들었다. 간밤에 자판기에서 빼낸 커피믹스를 먹은 종이컵은 항상 열 잔이 넘었다. 한덕은 담배와 커피를 달고 살았다.

아침이면 과장이 출근해 당직실에 오지만 개의치 않았다. 출근해도 그대로 자는 일이 많았다. 배짱도 좋았다. 과장은 한덕이 자고 있으면, '또 날을 샜구나.' 그렇게 생각했다.

한덕은 평생 그렇게 살았다.

응급의학과
1호 전공의

민용일은 허탁과 한덕을 데리고 아침마다 미국 응급의학 관련 원서를 읽고 공부했다. 3명이 각자 발표하며 응급의학에 대한 지식을 넓혔다. 응급의학의 불모지를 개척하기 위해서는 스스로 공부할 수밖에 없었다.

한덕이 응급의학과에 몸담으면서 응급실에는 이전과는 다른 변화가 일어났다. 한덕은 컴퓨터를 잘 다루고 프로그램 만드는 실력이 뛰어났다. 컴퓨터를 활용해 레지던트 1년 차 때 중요한 일 2가지를 시도했다.

첫째, 응급실에 온 환자들의 질환 등을 분석하고 파악할 수 있게 일일이 통계자료로 만들었다.

응급실은 과 특성상 다양한 응급환자들이 많아 복잡했다. 컴퓨터로 진료 차트를 활용하기도 쉽지 않았다. 그러나 한덕은 레지던트 1

년 차 때 병원에서 사용하고 있는 OCS operation control system (조작 제어 시스템) 자동화 차트를 잘 활용했다. 이 차트를 보고 응급실에 온 환자를 매일 과별로 분류하고 통계를 냈다.

다른 레지던트들은 바를 정正자로 손으로 일일이 수작업을 했지만, 한덕은 컴퓨터 통계 프로그램으로 돌렸다. 4년 동안 응급실 데이터를 축적해 응급 통계자료로 활용할 계획을 세우고 있었다.

둘째, 응급실 관리 프로그램을 혼자 만들었다.

한덕은 응급실 관리 프로그램을 보더니, 응급의료에 맞게 연동하는 프로그램이 필요하다고 생각했다. 얼마 후 병실, 중환자실, 수술, 퇴원할 사람을 나누고 배치하는 디스포지션 disposition (배치) 프로그램을 그래픽으로 그림까지 그려 과장인 민용일에게 제시했다. 응급실 병실 관리까지 한 눈에 알 수 있게 한 프로그램이었다. 교수들은 당시 컴퓨터는커녕 자판을 두드리는 것도 버거웠다.

그는 다른 레지던트들과 달랐다. 당시에는 인터넷 사용자가 그리 많지 않았다. 인터넷 속도도 빠르지 않았고 전화 모뎀 선을 이용해 극히 느렸다. 지금과 다른 시대였다.

컴퓨터로 프로그램을 짜는 사람은 아예 없었다. 그 분야에서 한덕은 소질이 있었다. 응급실 관리 프로그램을 혼자 만들었다. 병원이 할 일을 먼저 실천한 것이다.

그러나 응급실이 너무 혼잡해 디스포지션 프로그램은 사용하지 못했다. 아이디어는 대단했지만, 현실이 이를 따라가지 못한 것이다. 적용은 못 했지만, 의미 있는 작업이었다.

레지던트들은 위에서 시키지 않은 일을 일부러 찾아서 할 필요가 없었다. 맡긴 일만 처리하기도 벅찼고 너무 바빴기 때문이다. 하는 일, 해야 할 일만 했다. 문제의식은 있어도 실제 실천하는 경우는 드물었다. 그러나 한덕은 스스로 일을 찾아 잠자는 시간만 빼고 일했다. 주로 응급의료시스템을 만드는 데 모든 시간을 투자했고, 아무리 일이 힘들어도 남에게 미루는 건 싫었다.

레지던트 수련을 할 동안 전남대병원 응급실 내에 한덕의 손길이 미치지 않는 곳이 없었다.

한덕은 전공의 2년 차 때 CT를 보고 분석한 소논문을 썼다. 응급실에 내원한 환자 데이터를 바탕으로 분석했는데 컴퓨터나 통계를 모르면 쓸 수 없는 것이다.

보통 레지던트 4년 차까지 소논문 한 개를 쓰면 졸업할 수 있는 자격이 되지만 너무 바쁜 나머지 논문을 쓸 겨를이 없다. 전공의 시험을 응시하려는 4년 차 레지던트 중 소논문 한 개도 제대로 못써 주위에 도움을 요청하는 사람도 있었다. 그러나 한덕은 레지던트 때 소논문 몇 개를 쓸 정도로 열정적이었다.

한덕은 통계자료도 사전에 철저히 분석하는 습관을 들였고 전문가에게 이를 일일이 확인하는 작업까지 마친다. 한덕은 어느 날 자신이 만든 통계자료를 들고 대학 1년 선배 나백주를 찾아갔다. 나백주는 예방의학과에서 레지던트를 하고 있었다. 예방의학과는 통계를 활용해 자료를 많이 만드는 곳이다. 다른 과 레지던트들은 자료만 입력해 나백주를 찾아와 통계 자문을 들었다. 한덕은 데이터를 다 돌려보고 문제가 될 것만 물어봤다.

"형! 저는 이렇게 생각하는데, 맞아요?"

나백주는 다른 레지던트와 달리 한덕이 완벽함을 추구한다고 느꼈다.

한덕은 일도 잘했을 뿐 아니라 병원 내에서 인기도 좋았다.

한덕이 레지던트 3년 차 때, 응급의학과 전체가 첫 야유회를 가게 됐다. 간호사, 레지던트들이 함께 소나무가 많은 전남 무안의 유명한 유원지인 홀통유원지로 갈 계획이었다.

응급의학과는 신생 과여서 비축해둔 돈이 거의 없었다. 과 사람들은 제대로 회식 한 번 하지 못했다. 가끔 몇 명씩 모여 술잔을 기울이기도 했지만, 전체가 모이는 날은 없었다. 과장인 민용일은 과 식구들에게 항상 미안했다.

그러던 차에 김신곤 전남대병원장이 응급의학과가 야유회를 갈 수 있도록 버스 차량을 지원해줬다. 김신곤은 미국에서 외과 전문의 수련을 받았다. 당시 미국에 있는 응급의학과를 보면서 김신곤은 응급의료에 관심이 많았다.

한덕은 평소 술을 많이 마시지 못해 회식하면 1잔씩만 받았지만 2차, 3차를 가면 본인도 모르게 술에 취해 소파에 기대 잠잤다. 민용일은 한덕이 술만 마시면 자니까 놀지 못하는 줄 알았다.

광주에서 무안으로 내려가는 차 안에서 직원들은 돌아가면서 노래를 불렀다. 한덕의 차례였다. 수줍은 듯 나와 최신곡인 김건모의 '핑계'를 불렀다.

지금도 이해할 수 없는 그 얘기로 ♬
넌 핑계를 대고 있어~ ♪
내게 그런 핑계를 대지 마 ♬♬♬
입장 바꿔 생각을 해봐 니가 지금 나라면은 ♬
넌 웃을 수 있니~~~ ♪♪♪
혼자 남는 법을 내게 가르쳐준다며 ♬♬♬
농담처럼 진담인 듯 건넨 그 한마디~~~ ♪♪♪
안개꽃 한 다발 속에 숨겨진 편지엔~ ♪
안녕이란 두 글자만 깊게 새겨 있어 ♬♬♬
이렇게 쉽게 니가 날 떠날 줄은 몰랐어~
아무런 준비도 없는 내게 ♬
슬픈 사랑을 가르쳐준다며 ♪
넌 핑계를 대고 있어 ♬
내게 그런 핑계 대지마 입장바꿔 생각을 해봐~ ♪
니가 지금 나라면 넌 웃을 수 있니~~~ ♪♪♪

민용일은 전혀 들어보지 못한 최신 노래를 놀지도 못한 줄 알았던 한덕이가 부르니 신기할 따름이었다. 노래가 재미는 물론 흥겨웠고 한덕의 노래 실력도 꽤 괜찮았다. 트로트만 듣다 최신곡을 들으니 따라 불러보고 싶었다.

이후 민용일은 노래방에 가면 핑계를 자주 불렀다. 핑계 노래를 들으면 한덕이 생각났다. '아이돌'처럼 잘생긴 외모에다 노래까지 잘해 한덕은 간호사들로부터 선망의 대상이었다. 더욱이 한덕은 결혼 전이었다.

그러나 간호사들의 마음을 아는지 모르는지 레지던트 3년 차 때인 1996년, 한덕은 용돈으로 산 목걸이를 영주에게 걸어주며 커피숍에서 사랑을 고백했다. 영주는 한덕의 프러포즈를 받아들여 둘은 만난 지 9년 동안 수차례 헤어졌다 만났다를 반복했지만, 결국 결혼에 골인했다.

민영주는 아버지 민덕기(1936~2001)와 어머니 신동남(1937~) 사이에서 태어난 둘째 딸이었다. 영주의 부모님은 충남 예산이 고향이었고, 결혼 후 광주로 내려와 살았다. 영주의 아버지는 광고회사 지사장이었다. 딸 4명 모두 광주에서 태어났다.

민덕기는 예비사위 한덕에게 물었다.

"우리는 아들이 없으니 아들 노릇 할 수 있겠나?"

"예! 아들 노릇 잘하겠습니다."

군軍
응급구조사

신상도는 서울대 의대 레지던트를 마치고 2000년 국군원주병원 군의
관으로 복무 중이었다. 갑자기 군 내부 전화기가 울렸다.

'따르릉, 따르릉.'

"대위 신상도입니다."

"신 대위 뭐 하고 있나?"

누군가 편하게 반말을 했다. 신상도는 근엄한 목소리에 사령관이
나 되는 것으로 알고 깜짝 놀랐다.

"네, 대위 신상도입니다. 실례지만 누구십니까……?"

"나 윤한덕 대위야! 자네 나 모르나?"

신상도와 윤한덕은 학교만 다를 뿐이었지 서로 다른 대학의 응급
의학과에서 각각 레지던트를 마치고 군의관으로 활동했다. 대학은
한덕이 신상도보다 2년 빨랐다. 한덕은 신상도를 이전부터 알고 있

었다. 신상도도 가물거렸지만, 윤한덕이 희미하게 기억났다. 한덕은 평소 관심 있게 봐왔던 신상도에게 도움을 요청하기 위해 연락한 것이다.

군의관들은 1년 차 전방(오지), 2년 차 도시와 가까운 곳, 3년 차에는 병원급에서 복무한다. 응급의학과는 신생 과로 보통 수도병원에만 있었다. 일반 국군병원, 국군원주병원에는 응급의학과가 없었고 응급실만 있을 뿐이었다.

응급의학과 출신 군의관이 병원 단계에 배치된 것은 드물었다. 전방에 가거나 사단급에 군의관이 있었다. 사하라나 이라크 해외파병 갔다 오면 병원급에 우선 배정했다. 2000년에 신상도는 군의관 1년 차였는데, 운 좋게 병원에서 근무하게 됐다. 한덕은 군의관 3년 차였다.

한덕은 국군군의학교에서 위생병, 간호장교 등을 대상으로 응급처치 교육 담당자로 있으면서 군의관 입소교육도 맡았다. 군에서 응급의료체계 전담 교육 훈련을 하고 연구했다.

한덕은 신상도와 두 가지를 논의했다.

첫째, 구급차 도입사업이다. 군의관 중에 구급차에 대해 아는 사람이 없었다. 구급차의 제형, 장비, 물품 이런 것들에 대한 역할을 제대로 알고 있는 의사를 찾아보기 힘들었다.

한덕의 군 복무 때 군대에 처음으로 구급차가 구비됐다. 그전에는 구급차가 없엇다. 한덕은 군대 응급의료체계 구축과 실행을 위해 구급차가 꼭 필요했다. 신상도는 구급차 도입사업의 검수 과정에 참여했다.

둘째, 대량전사상자(한번 사고로 여러 명 다치는 것) 훈련 교본을 바꾸는 일이다. 신상도는 교본을 보고 윤한덕에게 연락을 준다고 약속했다.

신상도는 속으로 생각했다.

'나도 응급의학과 의사이고 국군병원에 근무하고 있는데, 군의관이 이런 일도 하나?'

신상도는 군의관이 다친 사병이나 장교를 치료하는 것 외에 다른 일하는 것을 듣거나 보지 못했다. 윤한덕을 통해 처음으로 응급의료와 관련된 일도 군의관이 하고 있다는 것을 알았다.

한덕은 군대에서 응급구조사 양성반 과정을 체계적으로 만들었다. 구급차를 도입하려는 계획도 그의 머리에서 나왔다. 군대 내 응급의료시스템을 체계적으로 구축하려는 시도를 처음으로 한 사람도 윤한덕이었다.

한덕은 1998년 3월 전문의 자격증을 딴 뒤 한 달 뒤 대위로 임관해 경기도 연천군 대광리에서 1년을 군의관으로 복무했다. 이후 대전 자운대 국군군의학교로 옮겨 2년을 더 근무했다.

한덕은 이곳에서 군대의 응급의료체계 구축에 나섰다. 응급의료체계를 구축하고 실행하겠다는 의지는 레지던트에 이어 군대에서도 계속됐다. 대학병원에서도 제대로 구축되지 않은 응급의료체계가 군대에서는 더 어려웠다. 교본이나 자료가 없었다. 이 분야는 군 내부에서 누구도 관심을 가지지 않았다.

한덕은 응급의료 발전을 위해 군대에 응급구조사 양성반을 체계적으로 만들 계획을 세웠다. 응급구조사 양성반 책임 교관을 맡았다.

응급구조사를 양성하려면 먼저 응급의료시스템에 대한 다양한 지식이 필요하다. 군인들에게 가르치려면 교관이 먼저 철저히 알아야 하는데 당시 응급의료에 대한 자료가 국내에서는 거의 없었다. 군대 내 도서관에도 미군이 해놓은 보고서만 간략하게 있었다. 누구도 응급의료는 물론 응급구조사에 관심이 없었다. 미군의 보고서만 의지해서 공부하는 상황이었다.

한덕은 자료를 얻기 위해 국립의료원 황정연 과장에게 도움을 요청할 생각이었다. 황정연은 응급구조사 과정을 대한민국 처음으로 만든 외과 전문의였다. 그가 부산 침례병원에 있을 때 응급구조사 1기 졸업생을 양성했다. 미국에서 한국으로 돌아온 지 얼마 안 될 때였다.

황정연은 보건복지부 국립의료원 소속 공무원 신분이었다. 그는 미국에서 응급의학과 외상 쪽 펠로우를 했다. 복지부는 황정연에게 응급구조사 과정을 만들어달라고 요청했고, 그는 부산과 서울 적십

자병원에서 처음으로 응급구조사 양성과정을 만들었다.

한덕은 황정연의 도움이 필요했다.

"안녕하십니까, 과장님. 저 전남대병원에 있었던 윤한덕입니다."

"그래, 오랜만이네."

"저는 지금은 국군군의학교에서 군 복무 중입니다."

"그래, 반갑네. 그런데 웬일인가?"

"군대에 있는 병사들을 대상으로 한 응급구조사 양성반이 있는데, 이를 보다 체계적으로 만들 생각입니다. 관련 자료를 부탁하려고 전화 드렸습니다."

"딱 한 가지만 생각해. 정부에서 예산을 주면 하고, 안 주면 하지 마!"

황정연의 생각은 단호했다. 한덕을 걱정하며 한 말이었다.

"국가는 예산 안 주면 아무 의미 없어. 고생은 고생대로 하고, 예산이 없으면 공로도 인정해주지 않아."

"네, 명심하겠습니다. 과장님."

이후 한덕은 황정연에게 응급구조사 관련 자료를 건네받았다. 한덕은 군대에서 응급구조사 교육과정을 체계화하고 응급구조사 양성 시스템도 만들었다. 국군군의학교에서 머무른 2년 동안 2급 응급구조사 700명을 양성했다. 한덕은 이곳에서도 쉴새 없이 응급의료 관련 자료를 만들며 항상 일만 하고 있었다.

당시 한덕과 함께 응급구조사 양성반을 운영했던 임문재 원사는 직업군인으로서 군대 생활을 35년간 했지만, 단기 군의관 중 윤한덕 대위처럼 열심히 일하는 사람을 보지 못했다고 회고했다.

당시 국군군의학교에는 대학 선배 나백주가 한덕과 같이 근무하고 있었다. 둘은 2년 동안 함께 군대 생활을 했다. 군인아파트 바로 옆 동에 살았다. 대학 동문은 둘밖에 없었다.

나백주는 예방의무 교관 겸 전투발전처 교리 장교였다. 책을 만들어 수정 보완하는 일을 맡았다. 책을 만들면 교육사령부에 보고해서 바꾼다. 교본을 총괄하는 것이 나백주의 임무였다.

모든 병사는 교본을 보고 훈련 연습을 한다. 전쟁이 나면 교본대로 대응한다. 심폐소생술 방법, 부목 대고 부상병을 치료하는 방법, 이러한 훈련들을 잘하면 병사들도 특별외박을 할 수 있어 열심히 했다.

어느 날 응급처치와 관련된 '분대 단위 응급처치' 교본을 만들라는 상부 지시가 나백주에게 떨어졌다. 나백주는 기존 교본에 문제가 있는 것을 알았다. 그러나 정확히 어떤 부분이 문제인지 몰랐다. 응급의학 전문의가 아니었기 때문이다. 마침 후배인 윤한덕이 응급의학과 전문의여서 다행이었다. 한덕에게 역할을 맡겼다.

그 교본을 보고 며칠 뒤 한덕은 나백주를 찾아왔다.

"형, 이것 상당히 문제가 많네요."

"뭐가?"

예를 들어, '전쟁하다가 팔이 부러지면 어떻게 하나? 총상을 입으면? 목에 관통상을 입었을 때 어떻게 해야 하나?' 이런 질문이었다. 그 답은 '거즈를 대고 지혈을 시키고 피를 안 나게 한 다음에 후송해야 한다.'이다. 그러나 그 교본은 붕대를 칭칭 감고 있으라고 기술되어 있었다. 기본이 안 된 엉터리 치료방법이었다.

병사들은 그때까지 엉터리 교본으로 계속 훈련을 해온 것이다. 아무도 잘못을 제대로 바로잡지 못해 교재를 수정해야 할 것이 너무 많았다. 기본 지식 자체가 잘못되어 있었다.

한덕은 꼼꼼히 감수했다. 보통 감수자는 큰 역할을 하지 않고 저자가 제일 중요하다. 그러나 한덕이 교본 전부를 모두 검토하고 문제가 있는 것을 바꾸었다. 개선 방안까지 다 만들어 나백주에게 줬다.

종결보고에는 '심폐소생술 및 외상처치에 내용상 오류가 있어 야전에서 적용 시 문제가 발생할 수 있으므로 생명과 직결되는 의학적 사항 수정 실시한다.'라고 적었다. 교재가 완성되기까지 8개월이 걸렸다.

윤한덕이 수정한 '분대교육 응급조치' 교본의 종결보고 주요 연구 내용이다.*

---

* 요즘 응급조치 방법과 다른 부분도 약간 있다

장·절	수정전	수정후
제2장 인명구조 제2절 호흡 심장 정지시 심폐소생술	• 기도유지 시술시 경추손상환자나 의증 환자에겐 적용해선 안 된다는 주의사항이 명시 안 됨	• 기도유지 시술시 경추손상의 유무를 확인하도록 절차를 넣었고 주의사항을 추가하였음
	• 의식 없는 환자의 상기도 이물질 제거에 대한 설명 추가 요구	• 구조호흡 다음 부분에 기도폐쇄 환자의 이물질 제거에 대한 사항을 따로 편성하였음
	• 구조호흡시 1회 흡입량이 600~800cc	• 구조호흡시 1회 흡입량을 800~1200cc로 이는 흉곽이 처음에는 저항 없이 부풀어 오르다가 어느 정도 저항을 느끼게 되는 순간 멈추면 된다고 고침
	• 2인 소생술일 경우 제2술자가 5:1의 비율로 인공호흡을 실시하고 약 1분 후 맥박을 측정	• 맥박이 없으면 1시술자는 흉부압박을 5회 실시(속도: 80~100회/분)하고 2시술자는 구조호흡을 1회 실시한 후 약 1분 후(12사이클 후) 2시술자가 맥박을 측정한다. 만약 그래도 맥박이 없는 경우 5:1의 비율로 계속 실시하여 매 60사이클마다 맥박, 호흡을 확인한다
제2장 인명구조 제4절 쇼크 예방 및 치료	• 쇼크예방 자세를 취할 경우의 주의사항이 기술 안 되어있음	• 적용시 주의해야 할 환자로 두부 손상 및 호흡장애를 명시해주고 각 신체 부위별 손상에 따른 바람직한 쇼크 예방 자세를 따로 설명함
	• 입속의 이물을 제거하고 마실 수 있다면 따뜻한 음료를 마시게 한다	• 의식이 없는 환자이거나 두부 및 복부 손상자에게는 음료를 먹이지 않는다

제3장 인명구조 제4절 흉부 손상	• 다발성 늑골골절시 골절 부위를 중심으로 압박붕대를 대어 주거나 골절 부위를 중심으로 넓게 면반창고를 붙여준다	• 다발성 늑골골절시 압박 붕대 및 삼각건 혹은 넓게 면반창고를 사용하는 것은 정상흉곽의 팽창을 억제하여 호흡곤란을 심화시키고 무기폐 등의 합병증을 발생시킬 수 있으므로 사용해서는 안 된다 • 관통상시 환자를 눕힐 때 다친 쪽을 밑으로 가게 해서 눕히도록 한다 • 흉벽동요(연가양 흉부; Flail chest)시 처치 추가
제3장 인명구조 제7절 총상	• 목의 손상시 지혈을 위한 응급처치로 목 손상 부위에 소독된 거즈나 삼각건, 깨끗한 천으로 두껍게 접어 상처 바로 위에 대고 붕대로 감은 후 즉시 후송시킨다	• 소독된 거즈나 삼각건, 깨끗한 천으로 두껍게 접어 상처 바로 위에 대고 손으로 누르면서 즉시 후송시킨다. 이때 목에 붕대를 감아 지혈시키려 해서는 안 된다. 호흡과 혈행을 방해하게 되기 때문이다
제4장 온열 및 한랭손상의 처치 제3절 한랭 손상	• 저체온증 처치 시 호흡 및 심장 마비 시에는 즉시 심폐소생술을 실시한다	• 동상처치시 주의사항 추가 • 함부로 흉부압박을 시행하지 않으며 시행시에는 최대한 신중하게 한다. 또한, 즉시 병원으로 이송한다. 후송시 조심스럽고 부드럽게 다루어야 한다. 수평자세를 유지하며 후송한다. 가온시 몸의 중심부에서부터 시행한다

한덕이 모든 일을 마치자 나백주는 한덕에게 고맙다는 인사를 건 넸다.

"지금 전쟁이 터져 부상자가 발생한다면, 우리 병사들이 엉뚱한 방법으로 치료할 뻔했네……,"

"그러게 형!"

"누가 안 알아줘서 그렇지. 이 작업 상당히 의미 있다. 너 의미 있 는 일 했다."

"별말씀을요……. 하지만 심란했네요!"

전임의

한덕은 군 제대 후, 대학교수가 되기 위해 다시 전남대병원에 전임의 fellow로 들어갔다. 펠로우 때도 윤한덕의 열정은 식지 않았다. 인턴이나 레지던트처럼 열심히 했다. 후배를 위해 다양한 프로그램을 만들었다.

혈액 가스 분석 결과 어디에 넣으면 어떤 상태인지 알려주는 프로그램을 직접 고안했다. 후배들이 공부를 쉽고 재미있게 하도록 'OX' 형식으로 구성했다. 질문에 대한 답을 넣어 맞으면 '맞았다', 틀리면 '틀렸다'는 식으로 피드백이 되는 프로그램이었다. 당시 프로그램은 커녕 인터넷 사용도 제대로 할 수 없는 의료진들이 대부분이었다.

이 프로그램 덕분에 후배들도 많은 도움이 됐다. 프로그램을 처음 보자 후배들은 신기했다. 후배들이 공부하도록 환자 상태 분석도 하고 답도 보여주고 재미를 통해 공부하도록 만들었다. 틀린 답이 많은 후배에게 윤한덕은 "공부 좀 해라. 이 녀석아!"라고 꾸짖었다.

한덕은 환자를 보는 것도 열정적이었다. 전남대병원 응급의학과 레지던트 2년 차 정경운은 '폐동맥 카테터Pulmonary Artery Catheter'를 활용해 환자의 상태를 진단할 일이 있었다.

폐동맥 카테터는 심폐기능에 이상이 있는 중환자를 진단하고 감시할 수 있는 장치였다. 심장을 지나 폐동맥까지 가는 관을 이어 살펴보는 것인데, 응급실에서는 잘 안 하는 것이었다.

흉부외과는 이 방법으로 진단을 해봤기 때문에 잘 알지만, 응급의학과에서는 거의 해보지 않아 할 수도 없었다. 잘못하면 책임을 질 수도 있어 레지던트는 물론 전문의도 기피한다.

정경운은 한 번도 해보지 않았지만, 환자에게 필요하다고 생각해 해보고 싶었다. 이 방법으로 진단하면 치료방법을 빨리 찾을 수 있어 환자에게는 유용했다.

전공의들은 안 해본 치료를 하지 않으려 한다. 위험 부담이 있기 때문이다. 모르면 보통 그냥 넘어간다. 하지만 위험 부담이 있다고 해서 의술을 배우기를 피하면 실력이 늘지 않는다. 전공의의 딜레마였다.

정경운은 응급의학과 전임의로 있는 선배 윤한덕에게 물어봤다. 한덕도 환자를 위해서는 폐동맥 카테터를 활용할 필요가 있다는 것을 잘 알고 있었다. 다음날 이 기구를 사용해 치료할 거니까 정경운에게 관련 공부를 해오라고 시켰다. 정경운은 전임의였던 한덕이 뒤에서 든든하게 지원하고 있어 안심했다.

다음날 정경운은 환자의 목 정맥에 굵은 관을 먼저 넣고 가느다란 폐동맥 카테터를 넣었다. 굵은 관까지 넣는 것은 성공이었다. 그러나 가는 관은 안 해봐 당황해 한덕에게 도움을 요청했다.

한덕도 폐동맥 카테터를 사용한 경험이 한 번도 없었다. 전날 공부를 열심히 했지만, 실제 해보니 잘 안 됐다. 응급의학과 누구도 알지 못했다. 하지만 한덕은 전부터 민용일을 믿고 있었다. 한덕은 자신이 해도 안 되면 그 분야 전문가인 민용일의 지도를 받으면 된다고 생각했다. 민용일이라는 든든한 지원군이 있어 믿고 과감히 시도한 것이다. 실패할 경우 민용일이 버티고 있어 조치하면 될 것으로 생각하고, 실수하지 않도록 철저히 준비하는 것이 중요했다.

곧이어 달려온 민용일의 재빠른 조치로 환자는 무사히 검사를 마칠 수 있었다. 만약 그 환자를 다른 과에 검사를 맡겼다면 치료가 늦어졌을 것은 뻔했다. 치료를 빨리 앞당기기 위해 한 번도 해보지 않은 폐동맥 카테터를 시도해본 것이다.

보통 의사들은 경험이 없으면 안 한다. 대충 가늠해서 치료한다. 하지만 그렇게 하면 제대로 치료하기가 쉽지 않다.

한덕은 환자가 필요한 검사는 비록 자신이 잘 못 하더라도 넘어가는 일이 없었다. 전문의가 옆에 있으면 적절한 검사와 적절한 치료를 시도했다. 그리고 꼼꼼하게 환자를 치료했다. 환자에게 필요하다면

도전적이었다.

　윤한덕이 펠로우 생활 10개월째 접어들면서 병원에 남기 위해 임상교수를 지원했다. 그러나 펠로우 20명 중 10명이 임상교수로 뽑혔지만, 한덕은 포함되지 않았다. 한덕이 도저히 이해할 수 없는 부분은 열정이 없는 사람들이 일부 임상교수로 뽑힌 것이다. 일부 교수들은 한덕을 좋은 시선으로 보지 않았다. 매사 원칙대로 하려는 한덕이 곱게 보일 리 없었다.

　임상교수에서 탈락하자 한덕은 펠로우를 1년 더 할 것인가 아니면 병원을 떠날 것인가 결정할 상황이었다. 1년 펠로우로 더 활동하면 교수를 할 수도 있었다. 그러나 한덕은 전남대병원에 남고 싶지 않았다. 전남대병원에 서운하기도 했지만 잘못된 행태를 보고 고치지 않으려 하는 의료진의 환자 치료방식에도 불만이 있었다. 119가 환자를 대하는 것도 심란해 더 이상 병원에 남고 싶지 않았다. 여러 요인이 한꺼번에 겹치면서 병원을 떠나려고 마음먹었다.

　한덕은 민용일을 찾아가 병원을 나가겠다고 말했다.

　"네가 나가려는 이유가 무엇 때문이냐?"

　"돈을 벌어야 할 것 같습니다. 개업할 생각입니다."

　"니가 개업을 해……?"

　민용일은 한덕 성격상 개업은 쉽지 않을 것으로 생각하고 만류했다. 한덕은 고집을 꺾지 않고 무조건 나가겠다고 고집을 부렸다.

사실 개업은 핑계였다. 그 이면에는 전남대병원의 행태가 마음에 들지 않았고, 자신이 세운 원칙과도 부합하지 않아 나갈 결심을 한 것이다. 펠로우를 하면서 환자들을 제대로 치료하고 싶었지만, 현실은 그렇지 못해 한덕은 답답했다.

그는 한 번 주장하면 쉽게 고집을 꺾지 않았다. 민용일은 한덕의 뜻을 맘대로 꺾을 순 없었다. 한덕은 나가도 특별히 할 일이 없었다. 성격상 개업도 어려웠다.

응급의학과는 초창기 돈을 많이 벌 수 있는 과는 아니었다. 월급도 다른 과에 비해 절반에도 못 미쳤다. 응급의학과를 선택한 사람은 순진하거나, 의사로서 사명감이 강하거나, 경제적인 부분을 떠나 일에 재미를 느끼거나, 셋 중 하나였다. 응급의학과는 개업할 과가 아니었다. 개업한다고 해도 환자를 치료한다는 것은 쉽지 않았다.

민용일은 전남대병원 응급의학과를 만들었다. 응급의학과 1회 제자는 교수를 반드시 만들어 정통성을 갖출 계획이었다. 허탁은 군대를 갔다 와 전문의를 따고 교수 길을 가도록 유도했다. 한덕도 교수가 되기를 바랐다. 그러나 한덕은 전임의 1년도 채 마치지 않고 나갈 생각이었다. 민용일은 한덕의 선택이 이해되지 않았다. 한덕을 응급의학과의 귀한 인재로 여겼지만 예상치 못한 일이 벌어졌다.

한덕이 병원을 나간다고 결심한 것은 자의 반 타의 반이었을 것이다. 그는 부조리를 아주 싫어한다. 일 욕심이 있어서 자신의 몸 하나 부서져도 아랑곳하지 않고 일한다. 기필코 해야겠다고 생각하면 무조건 하는 사명감이 강한 사람이었다. 하지만 전남대병원은 그가 바라던 희망과 비전이 있는 곳이 아니었다. 그래서 병원에서 나오려고 마음먹은 것으로 보인다.

레지던트를 같이 수련했던 허탁도 부담이 되었을 것이다. 한덕은 허탁과 레지던트 동기였지만 의대 4년 후배다. 허탁이 당시 임상교수로 자리 잡고 있었기 때문에 응급의학과에 교수 2명의 정원이 바로 생길 수 있을지 반신반의했을 수 있다.

허탁에게 우선권이 있었다. 허탁도 교수가 될 수 있을지 불안했다고 당시를 회상했다. 정식교수가 되기 위해서는 임상교수와 기금교수를 거쳐야 한다.

그러나 당시 새로운 교수 채용이 필요했지만, 두 명 남는 것도 힘들고, 둘 중 한 명은 나가야 한다는 사실을 한덕도 알고 있었을 것이다. 대학 선배인 허탁도 있고, 둘 중 한 명만 교수가 될 수밖에 없는 상황에서 과장인 민용일에게 부담을 주지 않기 위해 개업한다고 말했을 수 있다.

한덕은 19세에 의과대학 입학을 시작으로 인턴·레지던트·펠로우

를 거치며 12년간 정들었던, 그의 청춘을 보냈던 전남대 의대와 병원
을 무작정 떠날 생각이었다.

제3장

탄생과 성장

전남 해남에서
출생

윤한덕의 고향은 전남 해남군이다. 본적은 해남군 화산면 율동리 463번지다. 할아버지 윤은기尹銀基(1900~1980) 할머니 민남오閔南午(1901~1988), 아버지 윤재태尹在台(1932~2015), 어머니 최차남崔次南(1938~)은 이곳에서 대를 이어 살았다.

현재 조부모와 아버지는 돌아가시고 어머니 최차남만 생존해 있다. 한덕은 위로 누나만 4명이다. 첫째 누나 윤미향, 둘째 누나 윤영희, 셋째 누나 윤영혜, 넷째 누나 윤자영 모두 해남에서 태어났다.

할아버지 윤은기는 아들 윤재태가 딸만 내리 4명을 낳자, 다섯 번째 태어날 아이는 손자이기를 내심 바랐다. 일하고 집에 들어오면, 멀리서 아들이 자전거를 타고 손자 소식을 전할 것만 같았다. 할아버지 윤은기는 매일 아들 윤재태가 손자의 소식을 알려주기를 기다리며 멀리 동네를 내다봤다.

아버지 윤재태는 독자였다. 윤재태는 인근 해남 화산초등학교 교사였다. 학교 관사에서 부부만 생활하고 있었고, 한덕의 누나들은 모두 율동리에서 살고 있었다. 관사에는 교감 선생님 부부, 윤재태 부부 이렇게 살았다.

1968년 8월 8일 해남 화산초등학교에 한여름의 찜통더위가 기승을 부렸다. 초저녁에는 이슬비까지 내려 날씨는 더욱 후덥지근했다.

오후 5시 최차남은 밥을 먹는데, 속이 좋지 않고 헛구역질이 나왔다. 산통까지 왔다. 윤재태는 아내의 출산이 임박한 것을 느낌으로 알 수 있었다.

"여보, 괜찮아?"

"네, 산기가 있나 봐요."

윤재태는 바로 옆에 있는 면 소재지로 달려갔다. 이곳에서 가게를 하고 있던 집안 누나를 급히 찾았다.

"누나, 저희 집사람이 곧 출산하려나 봅니다."

도움을 요청했다.

윤재태와 사촌 누나는 곧바로 관사로 달려갔다.

밤 9시에 아이가 태어났다. 울음소리가 심상치 않았다. 윤재태 부부, 조부모가 그토록 기다리던 사내아이였다. 윤씨 가문의 대를 이을 수 있게 된 것이다. 최차남은 감격의 눈물을 흘렸다. 딸만 내리 4명을 낳다가 다섯 번째 만에 사내아이를 출산해 너무 기뻤다. 윤재태도 기뻐서 어쩔 줄 몰랐다.

윤재태는 손자 소식을 빨리 아버지에게 전하고 싶었다. 그러나 너무 늦은 시간이었다. 관사에서 집까지는 10리里(4킬로미터) 길이었고 사방이 산속이었다. 밤길이 너무 어두워 최차남이 다음날 가라고 길을 막아섰다.

다음날 윤재태는 평소보다 이른 새벽 3시에 일어났다. 아버지에게 손자를 낳았다는 기쁜 소식을 빨리 알려주고 싶었다. 새벽 4시에 관사를 나서 아버지가 사는 집까지 가는 길은 어두컴컴했고 길도 비포장도로라 울퉁불퉁했다. 하지만 그 길을 가는 것이 너무 흥겨워 자전거를 타고 가면서 내내 흐뭇했다.

윤재태가 집에 도착해 큰 소리로 말했다.

"아버지, 어머니! 저, 군인 하나 낳았습니다."

아들이라는 의미였다. 윤재태 어머니 민남오는 부엌에서 하던 일을 덮어두고 나와 아들을 껴안으면서 말했다.

"장하다, 내 아들! 고생했다."

옆에 있던 윤은기는 "아들이 무슨 고생을 해, 며느리가 고생했지!"라고 농담을 하면서 좋아했다.

윤은기는 손자가 태어났다는 말에 그렇게 기쁠 수 없었다. 윤은기 집안은 아들이 귀했기 때문에 대를 이을 손자가 자랑스러울 수밖에 없었다. 아들이 귀해 자신도 큰집에 양자로 들어간 터였다. 이젠 대를 이을 수 있게 된 것이다.

이름은 윤한덕尹翰德으로 지었다. 한덕은 날 때부터 사랑을 듬뿍 받고 태어났다.

한덕이 태어나자 마을에도 경사가 났다. 마을 사람들은 남의 일이었지만, 자기 일처럼 기뻐했다. 이웃집의 경사가 자신의 경사였다. 딸만 내리 있었던 집에 아들이 태어났으니, 동네 사람들도 따라 기뻤다. 동네에서는 큰 경사였다. 한덕의 아버지가 교사여서 축하하는 학부모들도 줄을 이었다. 전화가 없어 직접 찾아와 축하하는 학부모들이 많았다.

동네 사람들은 말했다.

"한덕이가 해남을 울렸네!"

아들이 귀한 집안에서 태어나 해남을 울릴 정도였다는 의미였다.

한덕의 어머니는 딸만 4명을 낳아 평소 시부모님에게 부담이 됐다. 항상 미안했다. 아들이 태어나니, 모든 걱정과 미안함이 한순간에 없어졌다. 동네 사람들이 찾아와 미역 등을 산후조리용으로 갖다 주었다.

윤은기는 출산 후 이레(1주)는 부정 탈 수 있다며 외부 사람을 받지 않아야 한다고 며느리에게 당부했다. 그러나 좋다고 오는 사람들을 어떻게 내치겠는가. 돌려보낼 수 없어 어쩔 수 없이 축하를 받았다.

최차남은 세이레(3주) 동안 관사에서 머물렀다. 동네 사람과 학부모들이 몰려와 귀한 아들을 구경했다.

한덕의 할아버지, 할머니는 귀한 아들이 태어나면 당골네(무당의 전라도 방언)에게 팔아야 오래 살고 잘 된다고 믿었다. 그리고 무병장수를 기원했다.

당시 초등학생이었던 한덕의 둘째 누나 윤영희는 옆에서 지켜보며 물었다.

"동생을 왜 팔아요?"

"그럴 일이 있단다!"

어른들은 지긋이 웃었다.

세이레(3주)가 지난 후 한덕은 광주로 떠났다.

이레는 7일을 의미한다. 삼칠일 즉 세이레는 출산 후 7일이 세 번 돌아오는 기간으로 3주간을 말한다. 산후조리에 가장 신경 써야 하는 기간이다.

옛날에는 어린아이가 일찍 죽는 일이 많았다. 이 때문에 삼칠일과 백일이 지나야 내 자식으로 여겼다. 삼칠일 동안 대문에 금줄을 쳐서 외부인의 출입을 막았다. 산모와 함께 오염된 일상으로부터 보호하려는 조치였다. 아기는 초이레에 가족과 공식적으로 얼굴을 봤고, 두 이레에는 외가, 세이레에는 친지와 볼 수 있었다.

그러나 워낙 귀한 아들이었고, 해남에서 교사 생활을 했던 윤재태에 대한 신망도 두터워 외부인들의 축하방문은 끊이지 않았다.

윤재태는 한덕이 태어나고 3일 뒤 광주로 떠났다. 한덕이 출산 이전에 이미 광주로 발령이 났었다. 21일이 지난 후 최차남은 한덕을 데리고 광주로 올라왔다. 한덕은 해남에서 태어났지만, 곧바로 광주로 옮겨 이곳에서 초, 중, 고교 및 대학을 나왔다.

한덕이 태어난 후 2년 뒤 쌍둥이 남동생 윤동환·윤정환이 태어났다.

고향
용덕마을

한덕의 고향인 율동리는 행정동으로는 율동리이고, 법정동은 용덕리다. 마을 이름은 용덕마을이다. 인근 율동마을과 같은 자연마을이지만, 두 마을 사람들은 한 마을 사람들처럼 지냈다. 다른 동네와 달리한 마을처럼 항상 같이 모여서 상의했고, 같이 모여서 울력을 했다. 용덕마을 45가구, 율동마을 25가구, 전체 70가구였다. 행정구역은율동이라고 하는데, 다 용덕마을 사람이다.

용덕마을은 해남 윤씨 죽사동파(직위별 명칭은 호군공파) 집성촌이다. 호군공파가 죽사동에 많이 살아 통칭 죽사동파라고 불렀다.

한덕은 뼈대 있는 해남 윤씨 죽사동파 집안이다. 한덕의 증조할아버지는 선비였고, 할아버지는 이 마을에서 농사를 지었다.

윤목현 광주광역시 민주인권평화 국장과 윤가현 전남대 교수도 이마을 출신이다. 이들은 이곳 마을의 유래를 이렇게 전한다.

1600년대 용덕마을과 3킬로미터 떨어진 해남군 화산면 시목리에 해남 윤씨 죽사동파 12대 선조인 윤후강 할아버지가 살았다.

윤후강은 5형제를 낳았다. 그는 풍수에 밝은 12촌이던 고산 윤선도와 가깝게 지냈다. 당시 12촌이면 가까웠다.

어느 날 윤후강과 윤선도는 화산면 율동리 일대를 우연히 둘러봤다. 이 일대의 터가 넓고 풍부한 물자가 많아, 먹고 살기에 좋겠고 여겼다. 윤선도는 터만 잡아줬다.

윤후강은 5형제를 이곳으로 데리고 와 터전을 잡았다. 첫째 아들은 율동, 둘째 아들은 용덕, 셋째 아들은 다시 율동, 넷째·다섯째 아들은 용덕에 거주했다. 율동에 형제 2명, 용덕에 3형제가 살게 됐다. 당시 4촌이나 20촌이나 같이 아무 곳에나 자도 상관없었다. 율동마을, 용덕마을 사람들 모두가 한 핏줄로 이어진 '형제 마을' 이었다.

동네는 농토가 많고 물자가 풍부한 부촌이었다. 마을 사람들은 많이 배우려 했고, 벼슬한 사람도 있었다. 윤목현의 직계 7대 할아버지도 종3품 벼슬을 지냈다. 마을 사람들은 정의로웠고, 외골수 성향이 강했다.

이 동네에 학자들이 많이 나왔다. 일제 강점기에도 자녀들은 배우려 했고, 부모들은 많이 가르쳤다. 부촌이어서 경제적 뒷받침이 가능해 동경 유학생도 있었다. 전체적으로 교수 출신이 20명 정도 된다. 일제 강점기 때도 훈도訓導(조선시대 교육을 담당한 교관)들이 많았다. 윤창하 손자인 윤선현은 전남대 물리학과 교수다.

해남·완도·진도 지역구 제20대 국회의원인 윤영일도 율동마을 출신이다.

불의에 굴하지 않고 맞서는 동네의 특성도 있다. 한덕의 할아버지

집 바로 윗집은 지금은 없어졌지만, 윤창하가 살았던 집이다. 윤창하는 1929년도 광주학생독립운동 당시 독서회 중앙부에서 집행위원이었다. 자질이 강직해 나라 잃은 한을 품고 있었는데, 광주학생독립운동 당시 일본과 싸우다 체포됐다. 이 운동을 주도했던 장재성에 버금가는 인물이었다. 윤창하는 고등학교 재학 중 일본에 저항해 징역형을 받고 만기 출소했다.

동네 사람 중 민주화운동을 하다 투옥된 사람도 많았다. 윤목현도 학생운동을 하다 수감되었다.

해남 윤씨 집안은 서로 앞장서서 모범을 보였다. 뭐든지 나누어 먹고 십시일반 돕고 사는, 남을 도와주는 가풍이 있었다. 노블레스 오블리주noblesse oblige(사회 고위층 인사에게 요구되는 높은 수준의 도덕적 의무) 식으로 많이 베풀었다. 마을 사람들은 공부도 잘해야 하고, 베풀어야 하고, 불의를 보면 참아서는 안 된다고 생각했다. 그것이 가풍으로 이어졌다.

해남 윤씨의 가풍이 바르고, 정직하고, 헌신적이었다는 점에서 윤한덕도 이러한 영향을 받았을 것이다.

한덕이 방학 때마다 놀았던 곳은 집 바로 뒤 '산소등'이다. 산소山所가 있는 언덕이라는 의미다. 무덤 사이로 소나무가 자라고 있었고, 이곳이 놀이터였다. 잔디가 있어서 놀기 좋았다. 지금은 우거진 숲으로 변했지만, 한덕이 놀았을 때는 다 풀밭이었다. 풍뎅이와 메뚜기를 잡고 놀았다. 그러나 또래 아이들이 거의 없어 주로 혼자였다.

한덕의 할아버지 집 바로 뒤로 넘어가면 고천암호 간척지가 있다.

이곳에는 망둥이, 짱뚱어, 꼬막도 있다. 겨울에 꼬막이 나왔고, 가을에는 망둥이가 인기가 있었다. 농사가 주업인데, 반찬거리로 고천암호 뻘밭에서 나온 것을 주민들은 많이 먹었다.

이 마을 사람들은 초등학교 때 1년에 한 번 정도 고천암호 간척지로 소풍 갔다. 1977년부터 간척사업을 위한 기본조사가 이루어졌고 1988년 해남방조제가 완공됐다. 바다가 간척지로 변했다. 영산강 4단계 사업으로 지금은 전부 논이 됐다. 고천암호를 막기 전에는 마을 사람들은 해남 해창을 거쳤다. 큰 배가 거기까지 들어왔다. 간척지가 들어서기 전 동네 아이들은 여름에 거의 매일 그곳에서 놀았다.

아이들은 물고기를 잡으러 간 것이 아니라 뚝섬까지 헤엄치며 즐겼다. 바닷가를 가면서 망둥이, 짱뚱어, 조개 등을 잡았다. 마을 사람들은 해산물이 풍부해 반찬거리로 사용했다. 염전도 아이들에게는 놀 수 있는 장소 중 하나였다. 바닷가 들어가기 전 염전에는 갈대밭이 많았다.

용덕마을 사람들은 농사를 주업으로 했고, 농사를 비교적 많이 지었다. 땅이 많은 사람이 꽤 있었다. 화산면 중 이곳 마을 사람들이 80퍼센트 이상을 경작했다. 동네 전체가 부촌이자 양반촌이었다.

한덕의 할아버지도 농사를 꽤 많이 지었다. 한덕의 형제자매들은 할아버지 덕분에 고기나 쌀밥은 배부르게 먹을 수 있었다.

장손長孫의
무게

할아버지 윤은기의 한덕에 대한 사랑은 유별났다. 하루라도 손자를 안 보면 발병이 날 정도였다. 눈에 넣어도 아프지 않을 손자였다. 틈만 나면 한덕을 무릎에 앉혀 꼬막을 까서 먹여주었다. 워낙 귀한 손자이다 보니 할아버지가 과잉보호했다. 초등학교 들어가기 전 한덕은 해남에 많이 있었다. 할아버지의 사랑이 유별났기 때문이다.

한덕은 초등학교 들어가고 난 뒤 중학생이 될 때까지도 방학 때면 무조건 해남 할아버지 집으로 갔다. 방학 내내 할아버지랑 같이 살았다. 방학 후 이틀째가 되면 해남에 내려갔다. 대중교통을 이용하면 온종일 걸려, 그 대신 택시로 해남까지 이동했다. 어머니 최차남은 한덕과 쌍둥이 동생을 내려주고 올라왔다. 3형제는 방학 내내 해남 할아버지 댁에서 머물렀다.

한덕은 그곳에 친구들이 없었다. 부자촌이다 보니 동네 사람들은 자녀들을 광주로 유학을 많이 보냈다. 어릴 때부터 광주에서 학교 다니는 아이들이 많았다. 동네에는 여자아이 1~2명이 있었다.

한덕은 수줍어하는 성격이어서 모르는 아이들과 친구를 하는 스타일이 아니었다. 쌍둥이 동생들은 둘이 같이 놀았지만, 한덕은 혼자일 때가 많았다.

한덕의 할아버지 집은 전형적인 옛 시골집 형태였다. 방이 2개, 마루 3개, 부엌이 있고, 사랑채가 따로 있었다. 툇마루가 있고, 바닥은 흙바닥이었으며, 돌을 놓고 토방(마당과 마루 사이의 공간이란 뜻의 전라도 방언)으로 올라갔다. 통나무로 된 마루는 넓적했다.

한덕은 뒷산에 올라가 풀밭에 앉아 풀도 뜯고, 풀뿌리도 뽑았다. 방아깨비를 잡아서 놀았다. 산소등 앞에 펼쳐져 있는 넓은 들판에 어른들이 농약 치는 것도 구경했다.

할아버지, 할머니가 일하러 가시면 한덕은 마루에서 개미와 놀았다. 개미가 먹이를 모으는 것, 줄을 이어 이동하는 것, 이 모든 것이 한덕은 신기하고 호기심이었다. 심심하니까 개미를 관찰하면서 하루를 보냈다.

마루 사이로 밑을 내려보면 닭들도 지나갔고, 병아리 지나간 것도 보였다. 마루의 갈라진 틈 사이로 바로 밑에 닭들이 모이를 쪼아 먹는 모습도 재미있어 뚫어지게 관찰했다. 가끔 마루 틈 사이로 쌀밥을 닭에게 던져줬다.

"누나들은 쌀밥 먹지도 못하는데, 너는 왜 귀한 쌀밥을 닭에게 주냐?"

어머니 최차남이 닭에게 쌀밥을 주는 것을 보고 한덕에게 타일렀다.

"쌀밥을 주면 안 된다, 한덕아!"

"예. 그런데 엄마, 닭은 왜 발가락을 다 펴고 걸어?"

한덕은 닭이 놀고 있는 모습이 궁금한, 호기심이 많은 소년이었다. 초등학교 단짝 이름을 비롯해 사소한 것도 다 기억하는 머리가 좋은 아이였다. 생각도 골똘히 많이 했다.

한덕은 성격상 돌아다니며 노는 스타일이 아니었다. 혼자 있는 시간이 많아 집 앞 마루에서 개미를 관찰하거나 마루 사이 틈 밑으로 보이는 닭들이 한가히 돌아다니며 모이를 쪼는 모습을 자주 봤다. 어린 나이였지만 놀면서 세심하게 관찰했다. 산소등에서 풀벌레를 잡는 것 등이 그의 유일한 놀이었다.

한덕은 4살 때 TV 드라마 '여로' 연속극을 봤다. 여로는 일제 강점기에서 6·25 전쟁까지를 배경으로 한 여인의 기구한 인생역정을 그린 1972년 작 KBS의 일일연속극이다. 연속극을 보면서 가만히 다 듣고 있었다. TV를 천천히 보면서 사람이 어떻게 저런 조그만 상자에 들어갔는지 궁금하기도 하고 신기했다. 한덕은 그런 궁금증 때문인지는 모르겠지만, 세밀하게 관찰했다. 관찰력이 뛰어났다.

한덕은 어렸을 때 평범하고, 순하며, 말도 잘 들었다. 5살 때 옆집 상하 방*에 사는 이웃 아주머니가 한덕을 친자식처럼 예뻐했다. 어느 날 옆집 아주머니가 한덕을 3일 동안 친정인 전남 담양에 데려갔다.

물을 기르기 위해 우물가를 가면서 한덕에게 말했다.

"여기에서 가만히 앉아 있어. 금방 올게, 한덕아!"

"예."

한덕은 고개를 끄덕거리면서 대답했다.

물을 기른 뒤 한참 지나 그 자리에 다시 돌아와 보니, 한덕은 발가락도 전혀 움직이지 않은 채 그 자리에 똑같은 자세로 그대로 있었다.

"이런 애 처음 봤어. 울지도 않고 움직이지도 않고 그대로 얌전히 있어."

한덕은 어릴 때 어른이 하지 말라고 하는 일은 전혀 하지 않았다. 어른 말은 순종하며 살았다. 이러한 성격이 어른이 되어서도 그대로 유지됐다. 부모님 말씀을 잘 듣고 말썽 피우는 성격이 아니었다. 특별히 모나거나 못한 것이 없었다. 한번 자리에 앉혀놓으면 다른 사

---

* 상하 방은 옛날 한옥에 많이 있었던 형태로, 두 개의 방이 서로 붙어있고 하나의 문으로 통했다.

람이 그 자리를 대신 앉을 때까지 그대로 있을 정도로 성격이 유순했다. 앉혀놓으면 그 자리에서 뭔가를 꼼지락꼼지락했고, 계속 두리번거렸다.

예전에 부모님을 대신해 누나들이 동생을 돌보는 일이 많았다. 아이를 보는 것은 힘들었지만 누나들이 한덕을 볼 때는 그렇지 않았다. 너무 순해 돌보기가 쉬웠다. 남다르게 순해 어른들에게 야단 한 번 맞은 적이 없었다.

한덕은 장남으로서 항상 의젓했다. 장손의 무게가 어렸을 때부터 그를 의젓하게 만들었을 것이다.

그렇지만 한덕은 어렸을 때 항상 혼자인 것이 외로웠고 고통이었다.

'형제가 7명이나 되는데. 왜 나는 혼자 있어야 하는가?'

그렇게 생각했다.

해가 질 무렵 석양 노을을 바라보며 외로움을 느낄 때가 많았다. 혼자 있다 보니 주로 혼자 하는 습성이 생겨났다. 누나들은 누나들대로, 쌍둥이 남동생 둘은 남동생대로 어울려 놀았지만 자신은 항상 혼자 있어 누나들과 동생들이 한없이 부러웠다.

평온한
가정

할아버지 윤은기는 어린아이들에게는 유머와 장난으로 대했다. 사내아이에게 포도나무를 가리키며 "너 저 포도 한번 따 먹어봐."라고 도발을 유도했다. 그러면 순진한 아이들은 동네 할아버지가 이야기한 것이니 아무 걱정 없이 따 먹었다.

그러는 순간 갑자기 "야! 너, 큰일 났다. 주인이 돈 물어달라고 할지 모르는데……"

아이들은 깜짝 놀랐다. 아이들은 없는 돈을 물어야 해 고통스럽게 표정을 지을 수밖에 없었다.

겁에 질려 있는 아이에게 "아, 그거 농담이야!"

천당과 지옥을 오가도록 농담했던 적이 많았다. 정작 따먹어도 상관없는 포도를 두고 하는 말이었다. 주인 없이 자연스럽게 열린 과실은 괜찮았지만, 주인이 애써 가꾼 것에 대해서는 엄격했다. 윤은기는 남의 것을 절대 탐하지 않았다.

한번은 이런 일이 있었다. 한덕의 어머니 최차남이 한덕을 임신했을 때다. 최차남은 시아버지와 밭에 갔다가 목화에서 난 열매를 보고 따먹었다. 너무 달아 목화 열매인 다래를 계속 먹었다. 어린 다래는 당도가 높아 맛이 뛰어났다. 그 목화밭은 다른 사람이 경작하는 밭이었다. 점심 무렵 집으로 돌아가는 길에 남의 목화밭에서 목화를 따먹었다는 사실을 안 시아버지는 며느리를 크게 꾸짖었다.

"그 열매를 재배한 사람이 목화를 만들기 위해 몇 걸음을 하고 고생을 많이 했을 것인데, 너는 다래를 그렇게 쉽게 따먹냐?"

최차남은 시아버지의 그 말을 지금도 잊지 못한다. 윤은기는 남에게 절대 피해를 주지 않으려고 노력했다. 남의 것을 가져왔다고 야단쳤다. 그럴 때는 엄격한 스타일이었다. 윤은기는 농담을 자주 했지만 엄격하고 성격이 곧았다.

엄격한 사람이 손주들에게 잘하는 것을 보면 완전히 다른 모습이었다. 한덕은 장손이라 더 그랬다. 한덕의 누나는 "할아버지가 한덕의 똥도 손으로 받아 낼 정도였다."라고 회상한다. 할아버지는 한덕을 너무 예뻐해 1970년대 후반에 아예 광주로 이사를 왔다. 농사는 친척에게 맡기고, 아내와 함께 올라와 한덕의 집에서 거주했다.

할머니 민남오는 통이 큰 스타일이었다. 물건을 파는 행상이 게, 바지락, 낙지를 가득 가져오면 양이 얼마인지 측량하지 않았다. 행상이 "사주시오." 하면 아무 조건 없이 "거기 놓고 가시오."라고 한 뒤 쌀을 퍼줬다. 당시 시골에서는 쌀이 귀했다. 할아버지는 할머니에게 너무 퍼준다고 이야기했다. 한덕의 할아버지 집은 돈은 많지 않았지만, 먹을 것은 풍족한 편이었다.

윤은기는 1980년에 운명했다. 8년 뒤 민남오도 남편을 따라갔다.

한덕의 아버지 윤재태는 광주사범학교를 졸업하고 24세 때 해남군 화산면 흑석리 초등학교 교사로 부임했다. 이후 계속 전남에서 교편을 잡았다.

1986년 광주시가 광주직할시로 승격함에 따라 전남도에서 분리 독립해 별개의 행정구역이 되었다. 윤재태는 행정구역이 분리됨에 따라 전남 지역 교사로 남았다. 광주와 전남이 분리되면서 윤재태는 광주로 학교를 옮기기가 쉽지 않았다. 그 당시에는 전남에서 광주로 오는 것은 '하늘의 별 따기'처럼 어려웠다.

윤재태는 전남 나주 다시초등학교 교사로 있을 때, 전남도교육청 주최로 열린 과학대회에서 작품을 하나 출품해 문교부(현 문화체육관광부) 장관상을 받았다. 장관상을 받으면 광주로 올 수 있는 선택권이 있었다. 전남에서 계속 있으면 교장까지 승진할 수 있었지만, 광주로 전근을 오면 평교사까지만 가능했다. 윤재태는 아이들 교육 때문에 광주로 옮기는 것을 선택했다.

윤재태는 가정밖에 몰랐고, 가족들하고 잘 놀았다. 가족들과 같이 노래 부르고 배드민턴도 자주 쳤다. 술도 안 마시고, 담배도 안 피웠다. 항상 정해진 시간에 퇴근한 뒤 바로 집으로 와 자녀들과 있었고 일요일에는 아이들을 공원에 데리고 가 놀았다. 아이들과 같이 놀아야 한다는 것을, 아버지로서 의무라고 생각했다.

조용한 집안이어서 큰소리도 나지 않았고 분위기가 항상 평온했다. 자녀들에게 매를 때리거나 좋지 않을 말을 아예 하지 않았다. 언성을 높이거나 눈을 부라린 일이 없었다. 화가 나면 소리도 질러야 하는데 그것을 안 했다. 형제자매는 싸울 일이 없었고 순했다. 교육자이다 보니 아이들에게도 교육적이었다. 성실하고 근면하며 평범하고 일상적인 가장이었다. 자녀들은 그런 아버지를 보고 자랐다. 아이들은 아버지를 존경했다.

윤재태는 관직에 욕심을 부리는 것이 아니라 아이들 훈육하는 데 초점을 맞추었다. 학교와 집만 왔다 갔다 했고 무골호인無骨好人으로 말이 없었다. 자녀들의 성적표를 보고 "잘했다. 더해라." 딱 두 마디만 했다.

윤재태와 한덕은 바둑을 좋아해 둘은 자주 바둑을 뒀다. 윤재태는 일요일에 아들과 바둑 두는 것이 즐거운 취미였다.

윤재태는 광주문화초등학교 평교사로 근무하다 정년 2년을 남겨두고 1996년 8월에 명예퇴직했다. 위암으로 투병하다 2015년 11월 생애를 마쳤다.

어머니 최차남은 해남군 현산면 출신이다. 율동마을과는 이웃 동네다. 얼굴에는 항상 밝은 미소를 띠었고, 서글서글하며 인상이 좋았다. 얌전하며 구김살이 없었다. 최차남은 머리가 좋아 공부를 잘했다. 특히 수학에 흥미가 있었고, 성적이 항상 100점 가까웠다. 대학까지 가고 싶었지만, 초등학교만 졸업했다.

"가정형편이 어려우니까 학교를 보낼 수 없는 것을 이해해라."

집에서는 이렇게 위로했다.

최차남은 그 이유를 모를 리 없었다. 옛날에는 부모님이 아들만 주로 학교를 보냈다. 딸은 공부를 많이 시키지 않았다. 최차남은 공부를 잘했음에도 상급학교를 들어가지 못한 것이 천추의 한으로 남았다.

최차남의 오빠는 연세대를 다녔다. 가끔 친구들을 집으로 데려왔다. 친정엄마는 자식들 먹을 쌀도 풍족하지 않은데, 아들 친구들이 자주 집으로 찾아와 챙겨주지 못해 걱정했다.

윤재태는 오빠의 친구였다. 해남 현산초등학교에서 교사로 근무하고 있으면서 집으로 자주 놀러 와 최차남과 윤재태는 서로에게 호감을 느꼈다.

최차남의 친정집은 아들을 전부 대학에 보냈고, 딸은 안 가르쳤다. 이 때문에 최차남은 학교에 대한 욕심이 많았다. 자녀들이 원하면 대학을 모두 보내고 싶었다. 아이들에게 투자해야겠다고 생각했다. 그러나 교사의 박봉으로는 자녀 7명을 모두 대학에 보내는 것은 어려 웠다.

윤재태는 딸들이 고등학교만 졸업해도 될 것 같아 대학 입학을 권 하지 않았다. 그러나 딸들은 더 열심히 공부했다. 4명 중 3명이 전남 대 사범대를 졸업해 교사의 길을 걸었다. 한덕의 바로 위 누나는 전 남대 인문대를 졸업했고 쌍둥이 동생은 전남대와 조선대를 각각 나 왔다. 모두 장학금을 받았다. 교사 월급으로 7남매를 다 대학에 보내 기 힘들었지만 스스로 잘하니까 전부 대학까지 갔다. 공부를 잘하니 까 부모님도 가르쳐야겠다고 생각한 것이다.

한덕도 박사, 둘째 누나 부부도 박사, 가족 중 3명이 박사였다. 윤 재태는 기분이 좋아 "우리 집안에 박사 3명이 탄생했네."라며 기뻐했 다.

큰딸 윤미향은 가정 분위기를 이렇게 말한다.

"우리 식구들은 전부 정직을 중요하게 생각한다. 생활이 모범적이 었다. 부모님들도 자식들이 전부였다. 어떤 때는 원칙적으로 사는 것 이 답답할 때가 있었다. 7남매가 전부 그렇다. 할아버지에게 물려받 은 것 같다. 할아버지는 법 없이도 살 수 있는 분이었다. 그 성품을 그대로 닮은 것 같다."

한덕은 어렸을 때부터 항상 선한 얼굴로 웃는 일이 많았다. 온화 한 성격으로 울거나 성질 한 번 낸 적 없다. 결혼한 뒤에도 마찬가지였다. 아버지의 성격을 많이 닮아 화를 전혀 안 냈다. 상대방이 누구를 비난하더라도 동조하지 않았고 좋게 이야기했다. 그렇지만 한덕은 활동적인 스타일은 아니었다. 누구랑 활동하고 대화하는 것도 별로 없었다. 밖에 나가 노는 것보다 한자리에 앉아서 하고 싶은 일을 했다. 혼자 무언가를 만지고 집중했다.

집중

한덕은 광주 동산초등학교에 입학해 3학년까지 다니다 4학년 때 광주 중앙초등학교로 전학을 가 그곳에서 졸업했다. 초등학생 때 책임감이 강하고 성실했다. 맡은 일은 끝까지 완수하는 스타일이었다.

초등학교 생활기록부에는 다음과 같이 적혀 있다.

> 수줍고 발표력은 없으나 제 할 일은 잘했다. 학습 태도가 의욕적이며 꾸준하다. (1학년)
> 자주적이고 책임감이 강하다. 착실하고 부지런하고 행동이 바르다. (2학년)
> 정직하고 온순하지만, 활기가 좀 부족하다. 청소 활동을 잘한다. (3학년)

4~6학년까지 다녔던 광주 중앙초등학교 생활기록부에는 특별활동도 열심히 하고, 스스로 노력해 모든 일에 의욕을 보였다고 적혀 있다. 온순하고 책임감이 강하며, 전 교과에서 우수한 성적을

거두어 우등상을 받았다. 논리적이고 조직적이며 계속 노력했다
고 쓰여 있다.

한덕이 성실했다는 것은 다음 사례에서 알 수 있다. 광주 중앙초
등학교 다닐 때 학교 인근에서 현금 6만5,000원을 주웠다. 상당히 큰
금액이었다. 당시 자장면이 30~40원, 목욕탕 입장료가 60원 수준이
었다. 9급 공무원의 초봉은 월 5만 원 정도였다. 보통 아이들 같으면
길거리에서 10원짜리 하나만 주워도 그날은 횡재했다고 기뻐했다.
  그런데 한덕은 주운 돈을 그대로 경찰관 아저씨에게 전달했다. 많
은 돈을 주웠지만, 그대로 전달하고 무서워서 바로 집으로 달려왔다.
  "아빠, 오늘 돈을 많이 주웠는데 경찰 아저씨에게 바로 줬어요."
  한덕은 아버지에게 말했다.
  아버지 윤재태가 이야기를 자세히 듣고 보니, 돈을 받은 사람은 경
찰관이 아니었다. 경찰복 비슷한 옷을 입고 근무하고 있었던 한국전
력 청원경찰이었다. 한덕은 어릴 때라 제복을 입은 사람을 경찰로 생
각했다.
  이후 그 돈의 흐름은 알 수 없었다.

한덕은 성실함과 더불어 학습 태도가 좋고 집중력도 뛰어났다. 책
을 다 읽을 때까지 손을 떼지 않았다. 아버지가 위인전 같은 전집을

사주면 날을 새서라도 며칠 동안 한꺼번에 50~60권을 전부 읽었다. 밥 먹고 책을 보라고 해도 책을 다 읽고 밥을 먹었다. 동화 시리즈나 위인전을 많이 읽었고 특히 과학 관련 책을 좋아했다.

책을 보면서 책 여백에 그림을 그려 넣었다. 축구 경기하는 모습을 자세히 그렸다. 움직이는 동작 그대로를 하나하나 그림으로 남겼다. 축구 하는 아이들을 세밀하게 관찰한 뒤 슬라이드처럼 연속 동작으로 책 여백에 그렸다. 다리를 조금 올린 것, 살짝 더 올린 것, 많이 올린 것, 연속적인 그림으로 만들어냈다. 동작 하나하나를 자세히 그렸다. 그림을 이으면 애니메이션처럼 보였다. 축구뿐 아니라 농구 등 스포츠 경기를 이처럼 그려냈다. 태권브이, 마징가 제트 캐릭터 등도 많이 그렸다.

한덕은 어렸을 때부터 한곳에 집중을 잘한다. 집중하고 자세히 관찰하면서 그림으로 나타냈다. 한가지 배우면 그것에 꽂혔고 열심히 했다. 4~5살 때부터 책을 읽고, 앉아서 손으로 무엇인가를 끊임없이 했고, 라디오를 뜯어서 조립했다. 어떤 일을 하면, 완성할 때까지 했다. 라디오를 한번 뜯으면 조립해 다 맞췄다. 음악을 듣거나 무엇인가 조립 또는 집중하고 관찰하는 스타일이었다.

한 가지에 집중하는 것은 좋지만, 활동을 너무 하지 않아 건강에 나쁠 것으로 부모님은 생각했다. 아버지는 한덕과 쌍둥이 남동생 등 3명을 한꺼번에 태권도 도장에 보냈다. 사내아이들이 운동을 너무 안 하고 숫기가 없다며 강제로 운동을 시켰다. 한덕은 초등학교 1학년부터 중학교 1학년까지 태권도를 배워 1단을 땄다.

　태권도를 배우면서 겨루기는 그에게 자신감과 당당함을 심어주었다. 승부를 걸어야 할 때 과감히 시도했으며, 그것이 자신감으로 바뀌었다. 겨루기 덕분에 승부사 기질이 생겨났다. 어떤 어려움도 이길 수 있을 것 같았다.

선덕이
먼덕이

1980년 한덕은 광주 무등중학교에 입학했다. 당시 초등학교에서 중학교로 진학하면 교복을 입어야 했고, 머리를 짧게 잘랐다.* 한덕도 예외는 아니었다. 중학교에 입학하면서 머리를 전부 밀었다. 속살이 하얗게 드러났다. 깎은 머리는 다른 사람에 비해 유난히 하얗게 빛이 났다. 원래 피부가 하얗고 고왔다.

할아버지가 식사 도중 한덕을 보면서 말했다.

"우리 한덕이, 꼭 스님 같다."

할아버지는 껄껄 웃었다.

한덕은 창피해 울음을 터뜨렸다.

온 가족이 한바탕 웃음이 터졌다.

---

* 그로부터 3년 뒤인 1983년, 문교부(현 교육과학기술부)는 중·고등학생이 교복 대신 자유복을 입을 수 있도록 하는 교복 자율화 조치를 시행했다. 동시에 두발 자유화도 실시했다.

이후 한덕은 수업시간에 삼각형 법칙三角形 法則을 배웠다. 삼각형 두 변의 합은 항상 한 변보다 길다는, 대충 그런 내용으로 이해하고 있었다.

무등중학교 2학년 때였다. 수업시간에 배운 내용을 실제로 활용하고 싶었다. 학교 정문에서 교실까지 들어가는 길을 삼각형 법칙을 활용하면 될 것 같았다. 왼쪽 가장 끝에 한덕의 반 교실이 있었고, 학교 정문은 가운데에 있었다. 삼각형의 법칙을 적용하려면, 운동장을 가로질러 가야 한다. 거리도 가깝고 효율적이라고 생각했다. 운동장 양쪽에 있는 보도블록으로 가면 'ㄴ'자 형태로 돌아가야 하지만, 운동장을 가로지르면 '＼'형태로 갈 수 있어 거리를 훨씬 단축할 수 있었다.

한덕은 속으로 이렇게 생각했다.

'교실에 빨리 들어가기 위해서는 운동장을 가로질러 가야겠군!'

그리고 실천에 옮겼다. 안개가 잔뜩 낀 날, 한덕은 삼각형 법칙을 직접 적용하기 위해 운동장을 횡단했다. 훨씬 지름길이라고 생각해서 운동장을 가로지른 것이다.

그런데 거의 교실에 도착할 무렵, 체육 선생님이 옆에서 불쑥 나타났다. 운동장을 횡단하는 학생을 잡기 위해 잠복 중이었다. 한덕은 체육 선생님에게 붙잡혔다. 선생님은 교복에 적혀 있는 명찰을 보고 '尹翰德'이라는 이름을 적었다. 당시 중·고교생들은 모두 교복을 입었고, 한문으로 이름이 표기된 명찰을 부착했다.

이윽고 점심시간을 알리는 종이 울리면서, 각 교실에 체육 선생님의 우렁찬 목소리가 흘러나왔다.

"지금부터 오늘 아침에 운동장을 횡단한 학생들을 호명하겠다. 호명한 학생들은 12시 30분까지 교무실에 올 것."

선생님은 아침에 이름이 적힌 '교칙 위반 학생'들을 반별로 순서대로 호명했다. 한덕의 이름을 부르는 차례가 됐다.

"2학년 8반 윤선덕인지, 먼덕이인지, 교무실로 와!"

이렇게 말했다.

체육 선생님은 '윤尹'자와 '덕德'자는 제대로 읽을 수 있었지만, 가운데 '한翰'자가 무슨 글자인지 헷갈렸다. 한덕이 아침에 붙잡혔을 때 한문으로 메모는 했지만, 차마 물어볼 수는 없었다.

호명한 학생 수는 무려 80명에 달했다. 무단횡단하다 걸린 학생은 모두 교무실로 불려가 빗자루 몽둥이로 엉덩이를 2대씩 맞았다. 한덕은 다른 친구들보다 더 아팠다. 다른 아이들은 겉옷 안에 체육복을 하나 더 껴입고 맞았지만, 한덕은 아무것도 입지 않고 맞았다.

한덕은 자신이 무엇을 잘못했는지 몰라 더 억울했다.

'운동장을 횡단하는 것이 그게 큰 죄나? 잔디면 모르는데 운동장을 횡단한다고 해서 먼지가 죽나?'

그렇게 생각했다.

한덕은 나중에 선배들에게 들었다. 등교할 때 운동장을 무단 횡단하면, 숨어 있는 선생님에게 잡혀 벌을 많이 받았다는 사실을. 선생님들이 학생들 벌을 주기 위해 만들어놓은 일종의 '함정단속'이었다. 당시에는 선생님 말씀이 곧 법法인 시절이었다.

한덕은 생각하면 할수록 화가 났다. 맞을 만큼 잘못한 행동은 아니었다고 생각했다. 하지만 이 일을 계기로 깨달은 사실이 하나 있었다.

'다음부터는 절대 원칙에 어긋나는 일은 하지 말아야겠다.'

엉덩이를 맞으면서 아픈 것이 아니라 공중질서를 해쳤다는 죄책감이 들었다. 앞으로는 절대 그렇게 하지 않아야겠다고 다짐했다. 나중에 자서전을 쓰게 된다면, 이렇게 쓸 생각이라고 주위 사람들에게 농담처럼 말했다.

'지금까지 학교에서 선생님에게 맞아본 것은, 그때 딱 한 번이었다!'

삼각형의 법칙은 한덕에게 절대 잊히지 않는 기억으로 생생하게 남았다.

그 이후 한덕의 중학교 때 별명은 '선덕이 먼덕이'로 굳어졌다. 체육 선생님 때문에 자의 반 타의 반 만들어진 것이다.

중학교 때 한덕의 생활기록부에는 행동발달상황이 온순하고 침착하다고 적혀 있다. 또 말없이 순진하고, 끈기 있고 집념이 강해 장래가 촉망된다고 나와 있다.

학급
서기

보통 고교 3학년 담임 선생님은 신경이 더 곤두선다. 학생들의 진로 지도를 더 잘해야 하기 때문이다.

한덕의 고교 재학 당시 광주제일고 3학년 9반 담임이었던 장기수는 어떤 학생이 공부를 잘하고 어떤 학생이 학습 분위기를 좋게 만들까 고민했다. 장기수는 학급에 배정받은 학생들을 세밀히 살폈다. 그중 성적이 선두는 아니었지만, 상위권을 유지하고 있는 윤한덕을 유심히 지켜봤다. 처음 봤을 때 '착하고, 성실하다.'라는 느낌이 들었다. 학급 임원을 시키고 싶었다. 반장과 부반장보다는 성실한 학생이 맡을 수 있는 역할은 학급 서기였다. 반장이나 부반장은 선출직이지만 서기는 담임에게 임명권이 있어 한덕을 반 학급 서기로 임명했다.

서기는 1년 동안 학급일지 기록을 담당한다. 매일 기록을 해야 하니까 성실함은 물론 글씨도 잘 써야 한다. 늘 기록을 해야 하는데 글씨체가 엉망이면 보기에도 좋지 않다. 한덕은 글씨도 또박또박 예쁘게 썼다.

학급일지에는 조회부터 그날 일과 종례까지 담임의 전달사항, 지시내용, 훈화 등을 간략하게 적는다. 학급일지는 학교에 비치하는 교무일지와 일치되어야 한다. 출석부, 학급일지, 교무일지 3개가 모두 똑같아야 한다. 이 때문에 학급 서기가 학급일지를 성실하게 작성하는 것은 중요했다.

한덕은 학급일지를 꼼꼼하게 기록했다. 과목마다 어떤 선생님이 무슨 내용으로 가르쳤는지 전부 적었다. 선생님 또는 학생이 결근하거나, 나중에 보강한 수업이 있으면 개괄적으로 다 메모했다. 출석부와 학급일지 내용이 일치하게 적었다.

만약 서기가 결석하면, 담임 선생님은 긴장할 수밖에 없었다. 서기는 반드시 성실하고 누가 결석했나 모두 기록해야 하는데 하지 못하기 때문이다.

한덕은 모든 것을 있는 그대로, 월요일부터 토요일까지 성실하게 1년 내내 기록했다. 대입 학력고사(현 수능평가) 시험공부도 해야 하고 학급 서기를 동시에 하는 것은 신경이 쓰이는 일이었다. 그러나 불평하지 않았고 힘들어도 참았다. 성실성을 인정받아 한덕은 선행상을 받았다.

장기수는 한덕이 기특했다. 서기로서 책임감만 있는 줄 알았는데,

성적까지도 쑥쑥 향상됐다. 장기수는 그런 한덕에게 점차 기대를 걸었다.

한덕은 3학년 올라갈 당시 반에서 1등은 아니었다. 1학년과 2학년 성적은 상위권이었지만, 아주 특출하지는 않았다. 3학년에 올라갔을 때 한덕보다 성적이 우수한 학생들이 더 많았다. 60명의 학급 학생 중 김철수와 심우길이 1~2등이었다. 장기수는 당연히 이들에게 기대가 더 컸다.

그런데 3월 모의고사에서 한덕이 1등을 했고 시험을 볼 때마다 성적이 쑥쑥 올라갔다. 모의고사 성적은 반에서 가장 좋았다. 모의고사 성적이 대부분 학력고사 성적으로 이어지기 때문에 장기수는 한덕에게 기대감이 높아졌다. 당시 학력고사 시험을 보기 전까지 10번 정도 매월 모의고사를 치렀다.

한덕이 3학년 때 성적이 크게 오른 이유는 '자성관'이라는 학교 기숙사에서 열심히 공부한 것 때문이다. 한덕은 1학년 때부터 기숙사에서 생활했다. 3학년에 들어오면서 학교는 기숙사에 있는 학생 중 우등생 30명을 뽑아 집중 학습을 시켰다. 학교에서 스카이(SKY, 서울대·고려대·연세대)대학 입학을 위해 우수한 학생들만 선발했다. 스파르타식으로 몸과 마음의 단련은 물론 철저히 공부할 수 있도록 집단생활했다. 숙식을 모두 기숙사에서 해결했다. 주말 하루 정도만 외출이 허용됐다. 친구들은 3학년이 되면서 더 열심히 공부했고 한덕도 마찬가지였다.

한덕은 어떤 일이든지 끝장을 보는 성격이어서 잠자는 시간을 줄였다, 기숙사를 배정할 때 잠을 적게 자는 사람을 룸메이트로 정해 함께 공부했다. 선의의 경쟁을 하면서 성적을 높여보겠다는 생각이었다. 그때부터 성적이 쑥쑥 향상됐다.

아버지 윤재태는 한덕이 공부를 잘하면 대학에 보내고, 그렇지 않으면 안 보낼 생각이었다. 공부를 열심히 하라고 권하지도 않았다. 그저 스스로 하기만을 바랐다.

담임 장기수는 윤한덕을 이렇게 기억한다.

"착한 학생이었고, 성적이 좋았다. 밖으로 나타내려는 성격이 아니다. 책임감에서 완벽했다. 나무랄 데가 없었다. 그날그날 한 것 매일 담임 결재가 있고, 학년 부장까지 결재하는 과정을 거쳤다. 학급일지와 출석부하고 일치하는가, 누가 결석하거나 중간에 조퇴했다면 점검했다. 결석, 병결, 사고, 조퇴까지 다 기록했다. 얼마나 성실했는지, 철석같이 믿었다. 공부에 방해되니까 학급 서기를 피하는 학생들도 있었지만, 한덕이는 불평하지 않고 묵묵히 받아들였다."

한덕의 생활기록부에 적힌 행동발달상황은 '수줍고 발표력은 없으나 제 할 일은 끝까지 책임 완수한다(1학년), 급우간에 신망이 두텁고 책임감이 강하고 집단활동에 잘 협력한다(2학년), 매사에 근면 성실하고 책임감이 강하며 모범적이다(3학년)'라고 적혀 있다.

종합평가에는 '참한 성품에 예의가 바르며 책임감이 강한 모범생(1학년), 순진하고 온순한 성품에 매사 헌신적이며 예의가 바름(2학년), 매사에 근면 성실하고 학습 면에도 가장 많은 향상이 있어 최우수(3학년) 학생'이라고 적혀 있다.

한덕의 고교 때 희망진로는 교수였다. 부모님도 아들이 교수가 되기를 바랐다.

일진 '짱'과
맞짱

대입 학력고사 시험을 앞둔 몇 달 전이었다. 학생들은 시험준비에 정신이 없었다. 수업이 끝나면 전체 학생은 학교에 남아 야간자습했다. 그날 배운 수업을 정리하기도 하고 대입시험을 앞두고 마무리 요약정리 작업에 몰두했다. 그러나 어디든지 항상 방해세력은 있는 법. 일진으로 불리는 껄렁대는 몇 명은 뒷자리에 앉아 공부를 방해했다.

일진은 교내 폭력 서클을 일컫는 일진회의 멤버다. 이들은 야간자습 시간에 시끄럽게 해 면학 분위기를 헤쳤다. 이들을 제지할 수 있는 사람은 많지 않았다. 한덕도 마찬가지였다. 서기라는 '학급 내 조그만 권력'으로는 어림도 없는 일이었다. 학생들은 면학 분위기를 해치는 일부를 곱지 않은 시선으로 바라봤지만, 말도 못 했다. 이를 바로잡는 역할은 반장과 부반장 같은 학급 임원이다. 그러나 이들도 일진 같은 학생들에게는 충고하기가 쉽지 않았다. 괜한 훈계를 했다가 봉변을 당할 우려가 있었기 때문이다.

야간자습까지 끝나고 친구들이 집으로 돌아간 뒤 몇 명만 남아 있을 때, 한덕은 공부를 않고 방해만 하는 일진 세력을 조롱하는 글을 칠판 한쪽 구석에 적었다.

"뒤에서 어영부영하고 노는 아이들, 너희 인생이 불쌍하다. 뒤에서 껄렁껄렁하면 지금은 좋지만, 나중에 반드시 후회할 거야. 남들이 비웃고 있다. 정신 차려라!"

뒤에서 노는 일진 4~5명을 겨냥한 것이었다. 이렇게라도 공부를 방해하는 세력에 대한 의견을 표출하니 한덕은 속이 시원했다.

그런데 집에 갈 때 지운다는 것을 깜빡 잊었다. 다음 날 아침까지 일진을 조롱한 글이 칠판에 그대로 남아 있었다.

일진 중 '짱'이었던 이현우(가명)가 교실로 들어왔다. 뒷자리에 앉으려 하는데 칠판에 적혀 있는 글씨가 보였다. 자신을 비롯해 일진을 비난하는 글이었다.

갑자기 버럭 고함이 터졌다.

"개새끼들, 어떤 새끼가 썼냐? 나와 씨발놈."

일순간 분위기가 싸늘해졌고 긴장감이 돌았다. 잠시 적막이 흘렀지만, 누구도 섣불리 나서지 않았다.

나서면 이현우에게 당할 것이 뻔했다. 친구들은 모두 이현우를 무서워했다. 이현우는 공부에는 관심이 없었고 대학 입학도 포기한 친구다. 맨 뒤에 앉아 매일 무협지만 즐겨봤다. 고3 내신 등급이 하위 등급으로 나올 수밖에 없었다.

적막한 분위기가 한참 흐르다 갑자기 한덕이 나섰다.

"…… 내가 적었는데…….

"엉! 하필 너냐…….

이현우는 잠시 주춤했다. 한덕과 1학년 때 같은 반이었고 한덕을 모범생으로 생각해 이미지는 나쁘지 않았다. 귀공자 스타일이었고 평소 조용해 한덕에게 호감을 느꼈다. 아무런 이유 없이 가깝게 지내고 싶었던 친구였다. 하필 자신 등을 비난하는 문구를 한덕이 썼으니 난감한 처지가 됐다. 그러나 상황은 돌이킬 수 없었다.

일진들이 한꺼번에 한덕을 에워쌌다. 가만히 있지 않을 기세였다.

여러 명이 체육관 뒤 화장실 으슥한 곳으로 한덕을 데려갔다. 일진들은 싸움도 잘하고 킥복싱도 배운 아이들이었다. 한덕은 키가 160센티미터를 조금 넘었는데, 그들은 보통 170~180센티미터 정도로 덩치도 컸다.

겁이 난 반 아이들은 누구도 이를 말리지 못했다. 여기에 휘말리면 일진들에게 얻어터질 수도 있어 아무도 나서지 않았다. 남의 일, 귀찮다는 생각도 있었을 것이다. 아이들은 한덕이 끌려가 많이 맞을 것으로 생각했다. 으슥한 곳에서 덩치 큰 일진들이 한덕을 흠뻑 두들겨 팰 것은 뻔했다.

학교 뒤로 끌려간 한덕은 의외로 침착했다. 오히려 자신감이 넘쳤다.

"나는 잘못이 없다."

"뭐라고?"

"평소 생각했던 것을 썼을 뿐이다."

"건방진 놈!"

일진 중 일부가 주먹을 날릴 기세였다. 일촉즉발의 위기로 치달았다. 한덕에게 집단으로 린치가 가해질 순간이었다.

갑자기 한덕이 제안했다.

"너희들 한꺼번에 다구리*까지 말고 1대1로 맞짱을 까자."

한덕은 태권도를 해서 그런 기백이 있었고, 불의를 보면 굽힐 줄 몰랐다. 맞아도 비굴하게 무릎을 꿇지 않는 성격이었다.

이현우는 잠시 생각 끝에 말했다.

"…… 너, 남자구나!"

한덕의 기백이 마음에 들었다. 오히려 한덕과 싸우기 싫었는데, 잘됐는지 모를 일이었다. 이현우는 적당히 넘어가고 싶었다. 한덕과의 전투 의지가 꺾였다. 한덕의 기세를 높이 사고 일을 마무리하는 것이 차라리 나을 것 같았다.

---

* 부랑배의 은어로 '몰매'를 이르는 말.

30분 뒤 한덕과 이현우, 일진들은 다시 교실로 들어왔다. 서로 웃으면서 다정하게 보였다. 반 친구들의 눈은 휘둥그레졌다.

나중에 한덕은 김철수에게 말했다.

"1대 1로 싸웠으면 내가 이길 수 있었어!"

한덕은 태권도 1단이었다.

이현우가 공부를 열심히 안 했던 것은 당시 집안 사정 때문이다. 지방에서 올라왔는데 자취하다 보니 잠시 뒤틀어진 학교생활을 했을 뿐이다.

이현우는 한덕과 싸우는 것을 계기로 더욱 친해졌다. 한덕을 자랑스러운 친구로 생각했다. 이후 한덕과 이현우는 고교 때 어울리며 한덕의 집 근처에서 자주 놀았다.

한번은 좋지 않은 일도 있었다. 어느 날 20대 중반으로 보이는 불량배들 4명에게 철도길 옆 으슥한 곳으로 끌려갔다. 이들에게 반항도 제대로 못 하고 얻어맞고 돈도 빼앗겼다. 이현우는 이들과 부딪혔을 때 겁이 덜컥 났다. 하지만 한덕은 그렇지 않았다. 일진인 자신도 형들로 보이는 불량배들과 부딪혔을 때 겁이 났는데, 한덕은 겁이 나지 않은 것 같았다.

이현우는 돈을 빼앗기고 실컷 얻어터진 후 나중에 한덕에게 웃으면서 말했다.

"야! 한덕아, 너 대단하다. 표정도 변함없더라."

그리고 이현우는 속으로 생각했다.

'그때 이겼으면 나중에 좋은 에피소드가 되었을 텐데……'

고교를 졸업하고 한덕은 대학에 곧바로 입학했고, 이현우는 대학에 진학하지 못했다. 이현우는 군대를 제대한 뒤 대학에 다시 도전했다. 고교 졸업 후 7년 만에 의과대학에 입학해 현재 의사로 있다.

제4장

의과대학 진학

서울대 전자공학과
희망

한덕의 아버지 윤재태는 부부 모임에 갔다. 마침 그 모임에서 다른 사람이 한덕의 학력고사 성적이 좋다고 이야기했다. 윤재태는 아들이 학력고사에서 고득점을 받아 자랑스러웠다.

"자네 아들 학력고사에서 고득점을 맞았다면서? 대학은 어디로 보내려고 하나?"

"좋은 곳 보내고 싶지만, 집안 형편상 전남대에 보내려고 하네."

"서울대 갈 실력이 되니, 그쪽으로 보내는 게 낫지 않은가?"

"글쎄……."

윤재태는 집으로 돌아와 한덕에게 말했다.

"아빠 친구들이 네가 충분히 서울대 갈 실력이라고 그란디……."

아버지는 자랑하는 성격이었다. 말을 마저 하려는 순간 한덕이 가로막았다.

"아버지 그런 말 어디서 하지 마세요. 나중에 제가 크고 이름을 날릴 때 그때 자랑하세요. 나는 절대 남에게 내 자랑을 하기 싫어하니까, 절대 말하지 마세요."

"근디, 우리 집 형편이 안 돼 서울대로 못 보낼 것 같다고 이야기했다. 형편상 어쩔 것이냐? 니만 가르치면 보낼 수 있을 것인디……, 니 말고도 동생이 또 있는데…… 어떻게 보내겠냐? 내가 다른 사람들에게는 그렇게 못할 것 같다고 이야기했다. 미안하다."

"음……."

한덕은 성큼 대답하지 못했다.

잠깐 침묵이 흐른 뒤 한덕은 "그럼 그렇게 할게요."라고 말했다. 한덕은 별다른 이야기를 하지 않고 아버지의 뜻을 그대로 따랐다.

한덕은 학력고사에서 300점을 받아 반에서 최고 성적을 기록했다. 광주제일고에서 300점 이상은 3명이었다. 3학년 올라올 당시 학급에서 1~2등을 했던 김철수와 심우길 보다 점수가 더 높았다.

한덕은 서울대 전자공학과에 진학하고 싶었다. 담임 선생님 장기수도 한덕이 서울대에 가기를 희망했다. 장기수는 한덕이 서울대에 갈 수 있을 것으로 생각했다.

그러나 한덕의 아버지와 큰누나가 반대했다. 세 가지 이유였다.

첫째, 경제적 부담이었다. 한덕을 서울로 학교를 보내면 돈이 많이 들 것이고, 누나들도 대학에 다니고 있었기 때문이다. 가정 형편상 몇 명을 한꺼번에 대학을 보내는 것은 부모 처지에서는 부담스러웠다.

둘째, 자칫 서울에 혼자 있으면 시국사건 등에 휘말릴 것을 염려했다. 아버지는 아들이 순하고 서울에 혼자 있으면 시국사건 등에 휘말려 잡혀들어가지 않을까 우려한 부분도 있었다.

셋째, 집안에 의사 한 명을 만들고 싶었다.

한덕은 가고 싶었던 전자공학과보다는 부모님의 뜻대로 전남대 의대를 결국 선택했다. 집안에 의사 한 명이라도 있어야 한다는 부모님의 뜻을 거역할 수 없었다. 장남으로서, 분필 가루를 마시면서 일한 아버지의 노고를 위해서라도, 아버지의 뜻을 따랐다. 전남대 의대에서는 성적 우수생으로 한 학기에 50만 원씩 장학금을 받았다.

그러나 의대보다는 공대에 진학하고 싶었던 그의 마음은 변하지 않았다. 의대에 들어간 뒤에도 후회했다. 어쩔 수 없이 의대를 진학할 수밖에 없는 현실이 싫었다. 의대에 진학하고 난 뒤 방황의 시절을 보낼 수밖에 없었다.

신입생
MT

한덕이 전남대 의과대학에 입학하기 전인 1986년 1월 말. 광주제일 고 출신 85학번은 고등학교 후배 입학 예정자들 10여 명을 전남대 후 문 다방으로 불렀다.

한덕은 86학번으로 의대에 입학할 예정이었다. 선배들이 각자 동 아리를 소개했다. 광주제일고 출신 85학번은 19명이었다. 이 중 정 한성, 문원식은 '흐름Y'라는 의과대학 동아리 회원이었다.

이 자리에서 정한성과 문원식은 윤한덕과 고병일 등 2명을 눈여겨 봤다. 정한성은 한덕이 첫눈에 맘에 들었다. 똑똑하고 우등생처럼 생 겨 보였고 성품도 좋을 것 같았다. 다른 선배들도 한덕을 탐냈다. 정 한성은 얼른 한덕을 자신이 몸담았던 '흐름Y' 회원으로 먼저 선발했 다. 한덕의 인기가 좋아 다른 선배들도 탐을 냈지만, 정한성이 한덕 을 고집하는 바람에 어쩔 수 없었다.

의과대학에 들어가면 학교마다 선·후배 간 모임의 특색이 있다. 어떤 대학은 고교 동문을 중요시하고 어떤 대학은 동아리를 우선순위에 놓는다.

전남대 의대는 선·후배 간의 연결고리는 동아리를 통해 이루어졌다. 동아리 선·후배들은 끈끈했고 유대관계가 좋았다. 조선대 의대는 고교 동문 모임 위주로 친분이 형성됐다.

전남대학교 의대 동아리 회원 모집구조는 독특했다. 합격자 발표도 하기 전에 선배들은 동아리 후배들을 물색해 쓸만한 후배들은 대학에 들어오기도 전에 뽑았다.

한덕 입학 당시에는 대입 학력고사를 보고 1월에 대학 입학 지원 원서를 썼다. 동아리는 대입 합격 여부를 떠나 후배를 뽑았다. 1월 중·하순에 동아리 후배를 뽑아 보통 3월 초에 MTmembership training(수련 모임)를 갔다. 만약 뽑았던 후배가 합격을 못 하면 부족한 수만큼 다시 새로운 인물을 찾는 방식이었다.

보통 1학년 재학 중인 선배들이 후배를 픽업했다. 누가 의대에 지원했다는 정보를 얻으면 연락처를 파악해 미리 연락해 그때부터 밥도 사주고, 동아리에 들어오라고 포섭했다. 한덕도 그런 식으로 뽑혔다.

한덕이 몸담았던 동아리는 예과 때는 '흐름Y', 본과 때는 'Y'로 불렀다. 남자는 모두 의대 출신이지만, 여자 회원들은 비非 의대 출신들도 있었다. 흐름Y는 전남대 본교 캠퍼스가 있는 광주 용봉동 자연대 쪽에, Y는 의과대학이 있는 광주 학동에 있었다. 이렇게 뽑힌 흐름Y 14기인 윤한덕의 동기는 고병일, 김상석, 김재훈, 박부일, 박철주, 이휘재, 최춘동 등 모두 8명이었다.

그해 3월 초 흐름Y는 담양으로 MT를 갔다. 신입생 환영 겸 선배들이 후배들 군기를 바짝 잡는 자리였다. 신입생 8명은 파란색 Y 동아리 티를 입었고, 일부는 교련복 바지를 걸쳤다. 동아리 티에 청바지를 입은 한덕의 모습은 소년처럼 앳되어 보였다. 등에는 20킬로그램 배낭을 짊어 멨다.

MT는 군대 신병교육대 훈련처럼 군기가 셌다. 하루 내내 30킬로미터를 뛰는 식이었다. 다른 동아리에서 훈련받다 죽은 사람도 있다는 말이 의대에서는 전설처럼 돌아다녔다. 심지어 고소한 사람도 있었다. 유격훈련과 비슷했다.

신입생 MT 훈련대장은 1년 선배 흐름Y 85학번 류진호였다. 류진호는 신입생들을 담양터미널에서 내리게 한 뒤 추월산 밑에까지 비포장도로에서 얼차려를 주면서 혹독하게 굴렸다.

한덕을 비롯한 동기들은 고등학교를 졸업한 이후 처음으로 맛보는 가장 잔혹한 얼차려를 받았다. 무거운 짐을 지고 전진했다가 후진했다. 그 과정을 몇 시간 동안 반복했다. 처음에는 체력이 버틸 수 있지만, 나중에는 모두 구토할 정도로 힘이 들었다. 토요일 오전 11시에 출발해, 저녁에 담양 추월산 근처에 있는 숙소까지 뛰고, 엎드리고, 기어서 도착했다.

누구나 하니까 반항을 못 한다. 불합리하고 너무 힘들어도 그냥 순응했다.

흐름Y는 다른 의과대학 동아리와 달리 때리는 분위기는 아니었다. 군대 분위기를 내기 위해 그랬을까. 예전에는 선배들이 후배들을 때리거나 얼차려를 주는 일이 많았다. 신입생들은 선배들과 놀러 온 것으로 알고 따라왔다가 얼차려를 받을 것이라고는 상상하지도 못했다.

첫날 힘들었지만, 무사히 숙소에 도착했다.

"자 한 잔씩 하고 푹 쉬어라. 고생했다."

훈련대장 류진호의 말은 달콤했다. 오히려 힘든 훈련을 받은 뒤 마시는 술은 꿀맛이었다. 비록 훈련 때 류진호가 '지옥의 사자' 같았지만, 술자리에서는 다정다감했다. 그리고 잠까지 빨리 자라고 배려를 베풀었다. 힘들다는 MT가 이렇게 적당히 끝나니 다행이었다.

'이제 내일 아침에 일어나 광주로 돌아가면 신고식은 끝난다.'

흐름Y 동기들은 이렇게 생각하며 잠자리에 들었다. 잠자리에 들자마자 모두 곯아떨어졌다. 한참 잘 무렵 누군가 깨우는 소리가 들렸다.

"기상! 기상! 기상!"

류진호의 목소리였다.

새벽에 류진호가 갑자기 다시 깨웠다. 일찍 재운 것은 함정이었다. 훈련과정 중 하나의 프로그램이었다. 한덕을 비롯한 동기들은 속았다는 느낌이 들었다.

류진호는 다시 얼차려를 주며 새벽에도 훈련을 계속했다. 그리고 무작정 잔소리를 했다.

"너희들 잘못 한 것 있냐, 없냐?"

"잘 모르겠습니다."

"모른다고.? 너희들이 뭘 잘못했는지 몰라?"

"네!"

"뭘 잘못한 것 있나 없나, 다시 한번 생각해봐! 너희들끼리 회의하고 다시 집합!"

으레 신병들을 대상으로 군기를 잡기 위한 억지가 그곳에서도 통했다. 뻔한 트집인 줄은 류진호나 훈련을 받는 신입생들이나 모두가 다 아는 일이었다. 그저 그러려니 하고 참을 수밖에 없는 하나의 훈련과정이었다. 동료애를 기르기 위한 일종의 훈련이었다. 류진호의 말은 아무 의미도 없었다.

류진호는 후배들을 더 굴렸다. 머리를 땅에 박게 하고 계속 얼차려를 줬다. 때리지 않는 것은 그나마 다행이었다. 다른 심한 훈련대장은 얼차려를 넘어 야전삽으로 만든 몽둥이로 후배들을 내리쳤다.

한창 훈련이 진행되면서 고통이 심해졌다.

갑자기 한덕이 손을 들었다.

"질문이 있습니다."

"뭔데?"

"우리가 왜 이런 말도 안 되는 벌을 받아야 합니까? 그 이유를 도무지 모르겠습니다."

"뭐라고?"

류진호는 당황했다.

당돌한 후배를 만난 것이다. 예전 같으면 상상도 못 할 일이 벌어졌다. 영하의 차가운 겨울 날씨에도 선배들이 얼음물로 '입수'하고 외치면, 후배들은 대부분 그대로 따랐다. 류진호 자신도 그렇게 훈련을 해왔다. 합리적인 명령은 아니었지만, 선배들의 명령이었기 때문에 어쩔 수 없었다. 반항하면 불이익을 받는다는 것을 너무나 잘 알기 때문에 어쩔 수 없이 행동했다. 사람들은 물에 들어간다. 고등학교 막 졸업한 상황에서는 더더욱 그렇다.

하지만 한덕은 이러한 훈련이 못마땅했다.

"이 날씨에 들어가면 심장마비 걸립니다. 선배님이라면 들어가시겠습니까?"

반항했다.

원래 순응적이었던 한덕이었지만 불합리한 것에는 참지 못하는 성격이었다. 다른 사람이 생각하지도 못한 말을 한덕은 과감히 말했다. 성격이 반듯했고 구부리지 않았다. 아니라고 생각하면 싫다고 이야기했고 옳지 않다고 생각하면 안 했다. 자기 생각과 다르면 논리적으로 따졌다.

이 같은 한덕의 말에 류진호는 흐름Y 14기 동기들을 더 혹독하게 굴렸다.

다음 날 한덕을 비롯한 흐름Y 동기들은 아침 일찍 산에 뛰어올랐다가 다시 내려와 담양터미널까지 역으로 뛰었다. 앞으로 갔다가 뒤로 가는 동작을 반복하며, 얼차려를 어제보다 더 심하게 받았다. 선배에게 반항한 '괘씸죄' 때문에 한덕의 동기들은 더 힘들었다. 오후 5시 정도까지 이런 훈련을 받고 집으로 돌아갔다.

MT 훈련은 힘들었지만, 동기들은 서로 진한 우정을 쌓았다. MT로 인해 흐름Y 동기 8명 중 4명은 발톱이 빠져 일주일 동안 계단을 오르내리지 못했다.

학생
시위

1987년 어느 날 오후 광주시 동구 대인동 공용버스터미널 근처에서
시위가 벌어졌다.

'군부독재 타도', '민주주의 쟁취' 같은 구호를 외치며 20대 대학생
으로 보이는 젊은이들이 대오를 유지하며 도로 한복판을 점거하며
거리 시위를 벌였다. 이들이 구호를 외치며 100미터 정도를 뛰어갔
을 때, 한덕은 고교 동창 이현우(가명)와 마침 그곳을 지나고 있었다.

갑자기 요란한 소리가 들렸다.

'슈우우욱, 펑, 파박.'

도로 곳곳에서 하얀 연기가 피어올랐다.

"앗, 사과탄이다. 모두 도망쳐!"

학생운동 시위 주동자가 급히 외쳤다.

이 말이 끝나자마자 학생들은 모두 뿔뿔이 흩어졌다.

동시에 곳곳에서 흰색 헬멧과 방독면을 집어쓴 무리가 학생들에게 달려들었다. 큰 덩치인데도 몸은 날렵했다. 학생들은 혼비백산 도망쳤고 그 뒤를 무리가 쫓았다. 백골단이었다. 뒤따라온 백골단은 학생들을 계속 뒤쫓았다. 순식간에 시위 중이던 학생들이 시민들과 뒤엉켜 도망갔다.

도중에 한 여학생이 도망가다 사과탄에 정면으로 맞았다. 그대로 길에 쓰러졌다. 심한 구토와 함께 얼굴이 콧물로 뒤범벅됐다. 한덕은 쓰러져 있는 여학생을 순식간에 바로 일으켜 세웠다. 그리고 부축한 채 온 힘을 다해 달아났다. 같이 도망가다 잡히면 시위대로 몰려 억울한 옥살이를 할 수 있었다. 그러나 그냥 내칠 수 없었다. 구하는 것이 도리일 것 같았다. 한덕은 이현우와 여학생을 끌면서 무조건 뛰었다. 한참 뛰다 보니 무시무시한 백골단은 보이지 않았다. 무사히 위기를 넘겼다.

1980년대 중반에는 전국 곳곳에서 민주화운동이 벌어졌다. 학생들의 시위가 연일 계속됐다. 민주화와 독재 타도를 외치며 대학생들은 대로 한복판에서 거리투쟁을 벌였다. 쿠데타로 정권을 잡은 전두환을 반대하는 대학생들의 목소리가 전국에 울려 퍼졌다.

1987년 4월 13일 대통령 전두환은 국민의 민주화 요구를 거부하고 모든 개헌 논의를 중단시킨 4·13 호헌護憲을 발표해 정국은 급속하게 얼어붙었다. 학생들의 시위가 벌어졌고 시위 진압을 위한 경찰과 학생의 쫓고 쫓기는 풍경이 매일 이어졌다. 시위대를 해산하기 위한 최루탄 발사도 난무했다.

시위를 진압하기 위해 사복 경찰인 백골단은 곳곳에 깔렸다. 백골단은 시위 학생들을 연행하기 위한 사복 경찰 체포조였다. 청바지를 주로 입고 흰색 헬멧을 쓰고 다녔다.

백골단은 시위 학생들에게 공포를 불러일으키는 존재였다. 대부분 무술 유단자와 특전사, 해병대 출신으로 시위대를 진압하고 붙잡힌 학생들을 감옥에 처넣었다. 학생들은 시위하다가 몰래 숨어 있는 사복 경찰에 붙잡히는 일이 예사였다. 이들은 시위대를 해산하기 위해 주로 사과탄을 터뜨렸다. 최루탄이 사과처럼 생겼다고 해 사과탄이라고 불렀다.

한덕은 직접 시위에는 참석하지 않았지만, 시국 이야기는 많이 했다. 불법 쿠데타로 정권을 잡은 제5공화국의 정통성에 문제가 많다고 생각했다. 의협심도 많았다. 새로 생긴 5.18묘역도 궁금했다.

한덕은 학생시위가 한창일 때 동아리 흐름Y 동기 김재훈과 술을 사서 5·18 묘역인 광주 망월동에 갔다. 5·18 당시 희생됐던 광주 시민들이 묻혀 있는 망월동을 둘러보기 위해서였다. 5·18 묘역은 시내버스를 타고 내린 뒤 한참 걸어갔다. 30분 정도 걸은 뒤 5·18 묘역에 도착해 희생자들에게 헌화하고 묘역에 앉아 술을 마셨다.

비록 시위에는 참여하지 않았지만 5·18 묘역이라도 둘러보고 민주화 영령들을 위한 미안한 마음이라도 나타내야 도리일 것 같았다. 한덕과 김재훈은 부끄러운 삶을 살고 싶지 않았고, 의대생으로서 현실참여를 못 한 것에 대한 일말의 부끄러움이 그들을 5·18 묘역으로 이끌었다.

얼마를 지났는지 모르지만, 갑자기 김재훈이 말했다.

"한덕아! 신성한 망월 묘역에서 술 먹다 걸리면 맞아 죽는 것 아니냐?"

괜히 추모하기 위해 갔다가 오해를 받을 수 있다는 생각이 불현듯 스쳤다. 그리고는 곧바로 집으로 향했다. 한덕과 김재훈은 버스도 없어 한참 걸어 나왔다. 그때 민주화로 인해 사회가 온통 격정의 시절이었다.

한덕 자신도 전자공학과에 진학하지 못한 아쉬움 때문에 질풍노도의 시기나 다름없었다.

만남

의과대 예과는 전남대 본교가 있는 용봉 캠퍼스 자연대 건물 안에 있다. 예과 학생들은 주로 이곳에서 수업을 들었다. 예과 2년 동안 용봉 캠퍼스에서 있다가 본과 때는 전남대학교병원이 있는 학동 캠퍼스에서 공부했다.

학동 캠퍼스로 옮기면 노는 분위기는 없어지고 험난한 본과 과정이 시작된다. 의대생들은 예과 때 노는 경우가 많고 여유가 있었다. 예과 때 놀지 않으면 의대에서 사실상 여유를 부릴 수 있는 시간은 별로 없다.

한덕은 흐름Y 동아리에서 1년 후배인 자연대 생물학과 87학번 여학생 민영주를 만났다. 영주는 당시 남학생들에게 인기가 좋았다.

흐름Y 선·후배 모임은 낭만적이었다. 동아리 회원들끼리 자주 어울려 놀았다. 점심 식사를 마치고 전남대 본부 건물 옆 동산에서 기타 치고 노래도 불렀다.

한덕과 영주는 그때까지는 서로에게 감정을 느끼지 못했다. 설사 감정을 느꼈더라도 동아리 회원들끼리 서로 사귀는 '동아리 커플'은 불문율처럼 꺼렸다.

한덕과 영주가 본격적으로 감정이 느껴진 것은 둘이 만난 지 1년이 지난 시점이다. 한덕은 의대 본과가 있는 학동 캠퍼스로 떠났다. 영주는 자연대가 있는 용봉 캠퍼스에 그대로 머물렀다. 사실상 둘의 학습장소가 서로 다른 곳에 있게 되면서 암묵적으로 사귈 수 있는 계기가 되었다.

한덕과 영주는 공부 때문에 둘이 자주 만나는 시간은 앞으로 많지 않을 것 같았다. 그 상황에서 1988년 1월 4일 한덕은 영주에게 편지를 보냈다. 그때부터 영주에 대한 감정의 싹이 서서히 솟아났고 편지에 우회적으로 표현했다.

…(상략)…

올해 첫날은 매우 즐거웠다.

가장 듣고 싶던 목소리를 첫날 첫 전화로 듣게 되다니…….

…(중략)…

1일日엔 즐거웠어, 정말로.

단 하나 후회스러운 건, 차라리 샌드위치를 먹었으면…….

하긴, 그 큰 고깃덩어리를 막 집어 먹어서 그런 건 몰라도.

저녁에 도장에 갔더니 십자가라도 짊어질 만큼 힘이 나더구나.

카드 보내려 했는데, 내가 네 주소를 몰라. 미안해.

— 88.1.4 AM 00:30, 윤한덕이가

새해에 첫 편지를 보내고 4일 뒤 한덕은 또 한 통의 편지를 영주에게 붙였다.

영주에게
…(중략)…
누구나 마찬가지겠지.
하나 얻으면 하나 잃는 것은.
죽음은 그 모든 것을 한꺼번에 잃어버리기 때문에
무서운 것이라고 하지.
하지만 많은 것을 얻게 되는 탄생도 무척 두려운 것일 것 같다.
나 죽을 때도 지금처럼 노여움이 치밀어오를까?
젊은 놈이 죽는 이야기를 하다니.

88년이라는 한 해, 지금이 연초라는 점이 너무 부담스럽구나.
이번 해에는 분명 지난 20년과는 다른 것이 있어야 하는데, 과연
뭐가 달라져야 할지.

— 88.1.8. 윤한덕

한덕은 의대 본과로 올라가면서 캠퍼스를 학동으로 옮겼다.
영주는 학동 앞에 '성빈여사'라는 보육원에서 이전부터 봉사활동을

하고 있었다. 영주는 흐름Y 활동뿐 아니라 다른 봉사활동도 같이 했다. 그때 한덕을 볼 기회가 많았다.

한덕이 본과 1학년 때부터 한덕과 영주는 이성의 감정으로 만나기 시작했다.

영주는 활동적이었고 모험심이 많았고 새로운 것, 배우는 것을 좋아했다. 공부도 잘해 장학금도 받았다. 보육원이나 노인을 위한 봉사도 많이 했다. 어렸을 때는 아빠에게 사랑을 많이 받았다. 워낙 착하고 이쁘다는 의미로 초등학교 때 별명이 선화공주였다.

영주와 한덕은 사귀다 사소한 다툼으로 헤어졌다가 마음이 아파 다시 만났다. 헤어졌다 다시 만나면서 서로에게 익숙해져 갔다. 둘 다 그 이전에 누군가를 사귀어 본 적은 없었다. 한덕과 영주의 생각 자체는 달랐지만, 마음만은 같았다. 따뜻한 마음, 약한 사람에게 잘 해주려는 마음, 그것 때문에 서로에게 끌렸다. 한덕과 영주는 다른 사람을 도와주어야겠다고 생각했고 남을 도우려고 하는 마음이 항상 있었다.

한덕은 영주를 그리는 마음과 본과생활에 대한 다짐 등을 일기에 적었다.

앞으로 다가올 본과생활, 이제 내 인생이 궤도에 올랐다는 생각이 든다. 새 환경이 내 새 인생을 반겨줄 것이다.

2년의 기간 동안 나는 과연 인생의 준비, 모든 것을 갖추어 놓았던가? 지금껏 지나온 2년은 결코 공백도 휴식도 아니었다. 그것도 하나의 과정, 목적을 위한 시행의 과정이 아닌, 그야말로 목적의 과정이었다.

나는 과연 무엇을 얻었을까? 생각하기 나름이다. 난 아무것도 못 했지만, 무엇인가 이루었을 것이다. 하지만, 그 2년이 없었다면 얼마나 좋았을까? 난 뭔가 찾아 헤맸지만 내가 찾았던 것은, 뭔가를 찾아야 한다는 사실이다. (1988.2.8 일기)

…(상략)…

민영주라는 이름. 그 이름을 듣거나 말할 때, 나는 현기증이 나고 다리에 힘이 빠진다. 나는 (동아리 흐름Y) 15기를 흔들고, 흐름Y라는 모임을, 그 안에 모인 이들을 흔들어버린 것이다.

나는 너무 어렸다. 죄책감은 그전부터 있었지만, 다시 살기로 한 날부터 새삼스럽게 와닿는다. 재훈이나 부일이나 아무 말도 안 했지만, 속으로는 나를 책망하고 있었을 것이다.

누구든 사랑하리라. 하지만, 누구에게도 내 자신은 꺼내놓지 않으리라. (1988.2.14 일기)

나날이 나태해지는 내 자신을 발견하게 된다. 내 자신을 변명하지 말자. 난 원래 이런 인간이란 생각도 하지 말자. 나를 위해줄 사람은 나뿐이라는 걸 알면서도 이렇게 나태한 건 승부욕이 없기 때문일까? 모두를 사랑으로 돌보자. 최소한의 노력이라도 하자. 그러기 위해 내 자신부터 돌볼 수 있도록 하자. 살면서 보람을 찾자. 커피 한 잔에도 고마움과 의미를 느끼며 애써 보자. (1988.3.26 일기)

의학이란 내게 무엇인가? 나는 무엇을 위해 보고 새길 수도 없는

글자들을 보고 있는가? 200이 넘는 숫자가 이런 질문에 대답할 일
이 하나도 없다는 건, 당연한 건지 잘못된 건지…….

불쌍한 나의 학우들아! 너희는 배고픔으로 서로 싸우느라 먹는 음
식이 무엇인지 모른단다. 나의 조급한 감상일까? 하지만, 공부에
이기적으로 매달리는 자에게나, 벌써 당구장을 들락거려야 하는
자에게나, 의학은 도구일 뿐이다. (1988.4.8 일기)

천년완골 千年頑骨

1988년 3월 초, 전남대 의대 학동 캠퍼스에는 긴장감이 흘렀다. 한덕을 비롯한 86학번 의대생들이 본과에 들어가 본격적인 의대 수업을 듣는 날이었다. 머리를 빡빡 밀고 나타난 사람, 유급을 당했던 선배도 끼어 모두 한 자리에서 수업을 듣게 되었다. 한덕의 86학번 의대 동기는 160명이었는데 본과에 들어가니 유급 선배까지 합해 200명 정도였다. 이들의 모습은 전투를 치르러 가는 사람처럼 장렬함이 느껴졌다. 본격적인 전투가 시작되면서 서로 피나는 경쟁에 돌입했다.

한덕은 예과 때는 의학을 배우지 않았다. 논리, 수학 또는 교양을 배우면서 비교적 자유로웠다. 술을 먹고 수업을 빠지는 일도 많았다.

그랬던 자유스러움이 본과 때는 아예 사라졌다. 오전 8시부터 오후 6시까지 온종일 빽빽한 수업을 들었다. 계속되는 시험으로 중압감이 컸다. 버티지 못하면 낙제가 기다렸다. 유급을 당한 선배까지 함께 수업을 듣게 되면서 고난의 행군은 이어졌다. 이 같은 일은 한덕에게만 있는 일이 아니라 의대생 모두에게 닥친 현실이었다. 의대는 열심히 하는 사람만이 성적이 잘 나왔다. 그렇지 않고는 낙제를 피할 수 없었다.

한덕의 동기도 입학생 중 50명이 주저앉았다. 공부에 대한 스트레스, 친구 간 인간관계, 이성 문제로 공부하기가 쉽지 않아 낙제가 속출했다. 5월에는 휴학자가 우수수 쏟아졌다. 공부에 대한 부담이 커 휴학하는 의대생들이 많았다. 마음 다짐을 단단히 하지 않으면 버텨내기 힘들었다. 캠퍼스의 낭만은 사라졌고 의대생으로서 험난한 과정만이 남겨졌다.

그나마 힘든 의대생들의 마음을 다잡아주는 나무가 있어 다행이었다. 학동 캠퍼스에는 느티나무 '천년완골千年頑骨'이 있어 의대생들은 이 나무를 보며 마음을 다잡았다.

높이 20미터, 둘레 6미터로 수령 350년쯤 된 나무다.

천년완골은 '오랫동안 완고하게 기개를 떨쳐 나가라.'라는 뜻이다. 세세토록 이곳을 굳게 지켜주라는 의미도 있다. 느티나무는 옛날부터 신목 또는 당산목으로 보호를 받았다.

한덕은 다른 의과대학 선·후배들과 함께 이곳에서 오랫동안 기개를 펼쳐나갈 꿈을 꾸었다.

전남대 의대에는 천년완골과 함께 1640년대 광주 목사를 지낸 신익전이란 사람의 선정비도 서 있다. 신익전은 광주 목사 재임 중에

군량미가 빈 것을 채우고 환곡의 문란을 바로 잡았던 일이 있었다. 비석은 이 일을 기념한 것이다. 광주의 남문 밖을 보호하는 비석이란 의미로 진남비鎭南碑라고도 불렀다.

느티나무 옆에 있는 건물은 의학관이다. 전남대학교의 현존 건물 가운데 가장 오래된 건축물로 한국전쟁 중인 1951년 준공돼 반세기가 넘도록 호남 의학교육의 발원지였다. 현재는 내부를 리모델링해 전남대학교 의학박물관으로 활용하고 있다. 중요한 가치를 인정받아 2018년 등록문화재로 지정됐다.

의대 도서관으로 '명학鳴學'회관이 있다. '배움의 소리를 울린다.'라는 뜻이다. 한덕은 공부가 힘들다며 사실은 '울면서 배운다는 뜻 아니냐?'라는 농담을 주위 사람들에게 자주 말했다.

한덕은 치열한 경쟁이 있는 본과에 올라와 남들처럼 그렇게 의대생으로서 갖추어야 할 의학적 지식을 쌓아가고 있었다. 그러면서도 후배 영주에 대한 마음은 변하지 않았다.

1989년 5월 2일 영주에게 사랑의 편지를 보냈다.

바쁘게 책장을 넘기고 있을 이 시간도.
혹시, 한 번은 마당에 나와 몇 보이지 않는 별이나마
헤어보고 싶은 생각은 없니?

마구 속되어 가고, 마구 바빠져 가더라도

잠시나마 별을 쳐다보고 지난 생각들 돌이켜보는 것도
나쁘지 않아.

할아버지 돌아가시기 이전에도,
내 나이 환갑을 지나 지팡이를 짚더라도
별은 그 모습 그대로 변하지 않겠지.
별을 보며 옛 생각을 하면 울 수도 없단다.
그저. 초롱한 아름다움이니…….

길을 걸으며, 얘기를 하며,
무수히 많은 것들을 제멋대로 판단하고 자신을
가꾸어 갈 수도 있겠지.
하지만, 자신의 모습 그대로 흔들리지 않으며
모든 것을 바라보기만 하는 것도
정말 멋진 일일 거야.

순응하렴. 협조하렴. 때로는 나서보렴.
어느 때이건 영주는 내면 깊숙이.
흔들리지 않는 힘으로 자신을 나타낼 테니까.

나 때문에 시험공부에 차질이 많겠구나.
'임 그리워 자지 못하는 마음.' 바로 그것.

하지만,
영주가 숨 쉬는 대기, 나도 똑같이 호흡하고
영주가 바라보는 별, 나도 똑같이 바라보며.
항상 영주를 생각하고 있다는 점 기억하며…….

영주는 만족하고 행복할 수 있단다.
그리고, 그 행복 속에서 또 다른 행복을 얻겠지.

어때, 영주야!
볼이 움푹 패도록 공부를 하다 보면
몸이야 피곤하고 고통스럽겠지만
마음 만은 행복하단다.
뭔가를 위해 노력 했음으로……

89.5.2. 24:58.
오빠

한덕은 본과가 예과보다 낭만적이지는 않았지만, 남들이 하는 것처럼 수업을 듣고 시험준비를 하며 시간을 보냈다. 그러나 어딘지 모르게 허전함과 답답한 마음은 가시지 않았다. 마음이 공허할 때가 많았다. 사춘기처럼 인생에 대해 생각하는 시기였고 힘들었다. 서울대 전자공학과를 가고 싶었는데 가지 못해 늘 마음 한쪽에는 아쉬웠다. 대학에 정을 붙이지 못했고 수업도 관심이 없었다. 가치관이나 삶의 문제에 대해 고민을 하면서 고뇌에 찬 모습이 많았다. 밝고 쾌활하지는 않았다.

한덕은 원하는 대학, 학과를 가지 못한 아쉬운 마음을 달래기 위해 소설을 습작했다. 책가방에 넣어서 항상 가지고 다니다 대학 동기들에게 살짝 보여줬다. 완성된 소설은 아니었지만 어두컴컴한 이야기였다. 그의 마음을 보여주는 소설이었다.

사춘기
그리고 휴학

1989년 어느 날, 한덕은 몹시 답답하고 미칠 것 같았다. 세상살이에 대해 고달픔도 한꺼번에 밀려왔다. 수업이 재미없었고 인생도 허무하게 느껴졌다. 이무석 교수의 정신과 수업을 듣다가 한덕은 갑자기 앞으로 나갔다. 그리고 심각한 표정으로 학생들을 향해 말했다.

"여기에 있으면 정말 죽을 것 같습니다."

왜 그렇게 말했는지 그 이유는 자신도 잘 몰랐다. 철학적인 이야기를 늘어놓았다.

"갑자기 숨이 막히고, 내가 무엇을 하고 있는지 모르겠습니다."

많은 사람에게 이야기하면서 정신적인 고통을 호소했다. 자신이 가지고 있는 정신적인 고통, 허무함, 왠지 모를 고독이 느껴졌다.

한덕은 당시 삶에 대해 고민이 많았다. 그것은 평소 가고 싶었던 전자공학과를 못 간 것에 대한 미련이었다. 하고 싶지는 않았지만 억지로 공부해야 하는 의학 공부에 대한 반항이었다. 한덕은 이 시기가 사춘기였다.

그는 영주에게 『천로역정天路歷程』이란 책에 대해 많이 이야기했다.

천로역정은 17세기 영국의 작가이자 침례교 설교가인 존 번연의 작품 중 하나다. 원래 제목은 'Pilgrim Progress'로 이를 직역하면 순례자의 진행이다. 번역하면서 천로역정으로 바뀌었다. 천로역정은 천국 가는 길에서 겪은 일들을 기록했다는 뜻이다. 한덕은 어쩌면 이때부터 고난의 행군을 시작하려는 마음을 먹었을 수 있다. 그의 고민과 격정적인 삶은 계속 이어졌다.

의대생 전체가 시위하면서 수업 거부 운동을 했을 때였다. 학생들 사이에서는 이를 '가운시위'라고 불렀다. 당시 민주화운동과 맞물려 이에 동참하는 차원에서 대학에서는 수업 거부 운동이 종종 벌어지곤 했다. 수업 거부 운동을 하면 보통 수업을 듣지 않았다. 듣고 싶어도 참았다.

한덕은 듣고 싶었던 기초의학 한 과목이 있었다. 수업을 듣기 위해 강의장에 갔는데 몇 명 밖에 오지 않았다. 가운시위로 인해 수업 거부 대상 과목이었지만 한덕은 몰랐다.

그중 수업 거부를 주도하는 듯 보이는 한 학생이 일어나 "교수님은 왜 이 수업을 하느냐?"고 물었다. 일종의 항의였다. 그러나 교수의 대답은 변명으로 일관했다. 한덕은 실망스러웠고 회의를 많이 느껐다. 교수가 변명하지 않고, 학생들은 당연히 수업을 받아야 한다고 말했으면 차라리 나았을 것이다.

'이렇게 사는 것이 맞나?'

한덕의 고민은 계속됐고 수업받을 때 집중이 되지 않았다. 수업이 싫을 때는 그림을 그리며 무료한 시간을 보냈다. 말을 스케치했고 누드 크로키도 가끔 그렸다. 아마추어 실력이었지만, 일반인이 봤을 때는 상당한 수준이었다. 혼자 있고 싶었고 외로움도 많이 탔다. 더 이상 학교에서 버티는 것은 의미가 없었다. 흥미를 느끼지 못하는 의대에 매력을 느끼지 못했다. 견디면 죽을 것 같았다.

1989년 가을, 휴학을 결심한다. 원하는 학과에 진학하지 못한 것, 그동안 너무 순종적으로만 살아왔던 세월, 이 모든 것을 후회하면서 이 상황에서 벗어나고 싶었다. 일종의 사춘기였다.

대학에 즐거움이 없다고 생각해 방황했다. 사는 의미가 뭔지, 어떻게 살아야 하는지, 삶이 무미건조했다. 전자공학과에 들어가고 싶었는데 뜻대로 되지 않았다. 의대는 적성에도 맞지 않았고, 흥미도 없었다. 내 갈 길이 아니라고 생각했다. 학교를 더 이상 다니고 싶지 않았다.

한덕은 아버지에게 말했다.

"휴학하고 싶어요."

아버지 윤재태도 아들의 고통을 모르는 바는 아니었다. 원하던 학과를 보내지 못한 미안함이 마음속에 늘 자리 잡고 있었다.

"조금만 더 참지 왜 쉬냐?"

윤재태는 조용히 말했다.

한덕은 또래 아이들보다 1년 이른 7세에 초등학교에 들어갔다. 남들보다 한 살 빨리 입학해 1년이 늦어도 상관없다고 생각했다. 원하는 학과도 아닌데 취향이 안 맞아 쉬려고 하는 아들의 마음도 이해가 됐다. 그리고는 깊은 한숨을 내쉬었다.

"그래. 힘들면 좀 쉬어라."

아버지는 승낙했다.

한덕은 마음이 홀가분해졌다. 휴학 후 마음껏 하고 싶은 일을 하면서 살 생각이었다. 이후 등산을 자주 했다. 전남과 전북 지역 산들을 올랐다. 돼지고기를 싸서 산을 많이 찾았다. 마음 한쪽에서는 허전한 마음이 늘 있었다. 의대 공부를 계속해야 하나? 맨날 이렇게 사는 게 맞나? 망가지고 싶었다. 살고 싶은 마음도 없어졌다.

그러던 어느 날 다량의 수면제를 복용했다. 그냥 현실을 피하고 싶었다. 그리고 그대로 누워 깊은 잠에 빠져들었다.

복학

얼마나 잤을까? 몇 시간을 잤는지 모르지만, 한참 만에 일어났다. 기나긴 잠을 잔 느낌이었다. 현실을 피하고 싶었는데 세상은 그를 놓아주지 않았다. 잠시 살아온 과정을 돌아봤다.

'내가 왜 수면제를 먹었을까?'

한덕은 후회했다. 괜한 충동에 불과했다는 것을 알았다. 어머니는 한덕이 휴학하고 난 뒤 한 번도 "어떻게 할 것이냐?" 물어보지 않고 기다려줬다. 휴학 기간 아무 이야기도 안 하고 밥상 위에 용돈을 놓아두었다.

한덕은 미안해 다시 복학을 결정했다. 이후 열심히 살기로 마음을 고쳐먹었다.

1990년 3월 본과 2학년 1학기에 복학했다. 한 학기를 휴학하고 다시 복학해 마음을 다잡았다. 의과대학은 한 학기만 휴학해도 1년을 다시 다녀야 한다.

한덕은 복학 이후 마음의 여유를 찾으면서 공부에 매진한다. 영주에게 보낸 편지에서도 이를 알 수 있다. 어느 정도 사춘기를 넘은 듯했다.

···(상략)···

내 오른쪽 옆에는 지금 커피잔이 놓여 있고 왼쪽에서는 담배 연기가 조금씩 피어오른다. 언젠가 내가 말했지, 내가 날마다 느낄 수 있는 행복이 있다면 바로 이런 것이라고.

옛날에는 행복이란 단어를 잊고 살았었다. 행복은 항상 가까이 있었겠지만, 그것들을 행복이라 이름할 줄 몰랐고 향유할 여유도 없었지. 나에게 있어 가장 큰 의미가 있는 것은 계획하고, 노력하고 적당히 힘들고 힘든 만큼 보람을 얻는 것이었어.

영주는 그런 나에게 현재에 적응하고 현실에서 만족을 얻는 법을 깨우쳐 주었지. 비록 오랜 시간을 소비했지만.

···(하략)···

90.5.17
한덕 오빠가 -

※ 생각하면 참 묘하기도 하다. 한덕이가 어떻게 영주를 만나 사랑하게 되었는지.

한덕이 예과에 다닐 때 쓴 소설은 세상을 비관하는 내용이 많았다. 그러나 휴학 이후 본과를 다니면서 쓴 소설 같은 연애편지는 깜짝 반

전이 있을 정도로 유머 감각이 있었다. 긍정적으로 변했음을 보여줬다. 그는 한때의 방황을 끝내고 이전보다 더 열심히 살아야겠다고 다짐했다. 이후 의사의 길로 접어들기 위한 본격적인 과정에 돌입했다.

다음은 한덕이 영주에게 보낸 짧은 소설 형식으로 된 연애편지다. 본과 2학년 때 약리학 시험을 보고 난 뒤 홀가분한 마음도 있는 것 같았다.

그것은 정말 문제였습니다.

악마는 온갖 달콤한 말로, 사탕발림으로 날 유혹했습니다.

"친구들과 카드놀이를 하는 게 어떠니? 재미있을 거야……."

"집에서 기타를 치며 노래를 불러보렴."

"술을 마셔, 술! 친구들과 술 마셔 본지도 오래되었잖니?"

하지만 난 흔들리지 않았습니다. 현명한 까닭이죠.

아니 그보다 영주가 나를 지켜주었기 때문입니다.

그래서 난 끝내 포기하지 않는 악마에게 이렇게 말해주었습니다.

"여보세요, 악마 씨. 다 필요 없는 짓이에요. 난 영주와 함께 있고 싶고, 둘이 함께하는 그 시간을 무엇하고도 바꿀 수 없어요!"

내 단호한 거절에 악마는 물러갔습니다.

그런데, 이번에는 산신령님이 나타나셨습니다. 평소에 존경해마지 않던…….

신령님은 조용히 나를 바라보았습니다. 그 영험한 눈은 온통 내 마음을 빨아들여 버리기에 충분한 것이었죠.

"너는 네 스스로 세운 가치관을 가지고 있느니라. 너의 행동이 얼마나 무책임하고 분별없는 것인지 생각해 보았느냐?"

산신령님의 목소리는 온화하면서도 굉장한 무게로 다가왔습니다. 온통 나를 사로잡는 듯이……

나는 한참을 명상 속에 있어야만 했습니다. 나의 그 고뇌와 번민, 참으로 말로 다 못할 고통이었습니다.

내가 어떤 결론을 내린 걸까요?

"참으로 옳으신 말씀이십니다. 하지만, 사랑이라는 이름 앞에 책임이란 얼마나 하잘것없는 것인가요. 책임감이 없는 사람이 어떻게 사랑을 할 자격이 있겠습니까? 아니, 책임이란 사랑이란 것에 항상 용해되어 있는 것 아닙니까?"

나의 이 명언은 후세에 꼭 기억되어야 할 것입니다.

산신령님은 만면에 미소를 지으시면서,

"허허! 과연 현명하도다. 아름답도다!" 하셨습니다.

그 후에도 여러 가지의 방해가 있었지만, 나는 이겨냈습니다. 항상 그것은 내 의지력의 시험이나 사랑이 지닌 힘의 확인이라기보다 잃어버린 인간성의 회복, 공업사회에서의 상실에 대한 거부의 몸짓이었습니다. 그런데 엉뚱한 방해가 나타난 것입니다.

내 앞에 나타난 왜소하고 보잘것없던 인간 하나가 정말 무시무시한 무기를 지니고 있었습니다. 그는 긴말을 하지 않았습니다.

단지,

"월요일에 약리학 시험을 볼 것이야!"라는 한마디.

나는 온갖 힘을 다해 거부했습니다. 내 몸뚱이 누워 뼈 쪼가리 하나 없이 문드러질 때까지 대항하다, 안 되면 장렬히 전사할 작정이었습니다.

아아! 그러나 누구에게나 넘을 수 없는 벽은 있다는 걸 알아야만 했습니다. 그것은, 인간성의 상실이요, 최소 인권의 말살이었지만, 어쩔 수 없었습니다. 나는 이제 그 벽을 넘으려 하지 않고 돌아갈 것입니다. 영주의 이해가 있으므로 가능할 것입니다.

－90.5.24－ **"로마 병정"**

전남대 의과대학 학동 캠퍼스에는 봄이면 목련꽃이 흐드러지게 핀다. 하지만 목련꽃 필 무렵이 두려운 시기다. 이때 시험을 많이 치른다. 약리학 시험에서 외울 것이 너무 많아 충분히 공부하지 않으면 시험 통과가 어려웠다. 해부학도 마찬가지였다. 해부학 조교들이 뼈 부위를 설명하라고 하면서 구두시험을 치렀다. 이 시험을 통과하지 못해 재시험을 치르는 사례가 많았다. 재시험에서도 안 되면 낙제는 피할 수 없었다. 의대에서는 한 과목이라도 낙제를 받으면 유급 처리돼 1년을 더 다녔다.

한덕은 복학하면서 예전과 달라진 모습을 보이고 싶었다. 어차피 살아야 할 인생, 예전보다 더 열심히 살겠다고 스스로 다짐했다. 어머니의 말 없는 사랑은 한덕을 더 이상 방황하지 않는, 모범적인 의대생이 되어야겠다는 긍정적인 변화로 이끌었다.

제2부

대한민국 응급의료

제5장

응급의료체계 구상

공무원의
길

2002년 2월 초 어느 날 저녁, 국립의료원 황정연 과장은 전남대병원 응급의학과 과장 민용일에게 연락했다.

"민 교수! 잘 있어? 국립의료원이 중앙응급의료센터를 만들려고 하는 데 적당한 사람 있으면 추천 좀 해줘."

황정연은 민용일에게 중앙응급의료센터 설립 계획을 설명했다. 국립의료원과 별개로 중앙응급의료센터를 국가조직으로 만든다는 것을 일일이 알려주었다. 전국 병원의 응급실을 컨트롤 하는 정부조직이라는 것이다.

"몇 명 뽑습니까?"

"우선 두 명으로 스타트 하네."

"생각해 보겠습니다."

민용일은 한덕이 생각났다. 한덕이 개업한다고 했지만, 개업보다 국립의료원에서 근무하면 더 나을 것 같았다.

"알아보고 알려드리겠습니다."

민용일은 한덕에게 물어봤다.

"중앙응급의료센터를 국가조직으로 만든다고 그런다. 네가 무엇 때문에 나가려는 지 모르겠지만, 일단 황 과장님 만나보고 무슨 일 하는지 보고 판단해 봐라."

"네 알겠습니다. 과장님."

민용일은 한덕이 컴퓨터와 통계를 잘하니까 적합한 일일 수도 있을 것으로 생각했다.

"네가 데이터를 잘 다루니까 개업보다 공무원으로 가서 업무를 보는 것이 낫겠다."

황정연과 윤한덕은 군대에서 응급구조사 양성반을 만들 때부터 알고 지내던 사이였다. 한덕이 군대에 있을 때, 황정연은 중앙응급의료센터를 구축하기 위해 복지부, 기획예산처(현 기획재정부) 등에 설립작업의 필요성을 건의했다. 그는 외과 의사 출신이다.

원래 계획은 국립의료원 내에 외상센터를 만들 계획이었다. 그러나 외상에 대한 사회적 호응이 별로 없었다. 외상 치료를 위한 의료기관 설립에 대한 공감대가 형성되어 있지 않을 때였다.

그는 미국에서 외상을 공부해 외상체계를 누구보다 잘 알았다. 미국을 비롯한 유럽 선진국에서는 외상을 중요하게 생각했다. 미국도 응급의료보다 외상이 먼저 시작했다.

황정연은 외상의 중요성을 알고 있었다. 중증 3대 사망원인 1위가 암이고, 2위가 심혈관 질환, 3위가 각종 사고 및 중독이다. 사고나 중독으로 인한 환자가 갈수록 늘어났다. 외상환자 30퍼센트를 살린다고 하면, 그 사람이 불구가 되지 않고 일을 하면서 세금을 낸다고 가정했을 때 오히려 국가에도 도움이 될 것 같았다. 세금을 낼 수 있는 나이를 평균 60세까지로 잡고 20대 중·후반에 외상으로 사고가 났다면, 35년 동안 낸 세금으로 중증 사망 1~3위 진료비가 나온다고 계산했다. 이 때문에 외상센터를 국립의료원 내에 만들려고 계획을 세웠다.

외상은 젊은 사람이 많이 다치는 경향이 있다. 이들을 치료한 뒤 정상적으로 일을 하게 되면 중증 사망원인 3위까지의 치료비가 세금으로 다 걷어질 수 있다고 계산했다. 손해가 아니라고 생각했다. 세금 다 뽑아낸다는 것이 황정연을 비롯한 외상체계를 연구하는 사람들의 논리였다.

그렇지만 사회적 호응은 적어 황정연은 외상보다는 응급 쪽으로 방향을 바꾸었다. 응급은 외상도 포괄하는 개념이었고 응급센터를 만들면 외상 치료가 가능하다고 생각했다.

마침내 중앙응급의료센터를 만들기 위한 예산이 책정됐다. 그리고 일할 수 있는 사람을 뽑아야 한다. 센터를 운영하기 위해서는 인력이 가장 중요하다. 임상보다는 행정을 하는 것이라서 의사 중 사람 모집이 쉽지 않았다. 임상경험도 있고 행정적인 일 처리를 잘할 수 있는 우수 의사 인력이 필요했다. 우선 의사 두 명을 뽑을 수 있는 정원이 만들어졌다.

예산과 정원이 만들어지기까지 3년의 세월이 흘렀다. 공무원 사회에서 일 처리가 간단히 되는 것은 아니다. 몇 년 전부터 준비작업을 거쳐야 한다. 예산뿐 아니라 인력 모집까지도 승인이 나야 사업을 추진할 수 있다. 예산 배정은 기획예산처, 인력 배정은 행정자치부 몫이다.

예산과 인력 배정이 되었으니 이제부터는 우수한 인력을 뽑을 차례였다. 황정연은 전국 각 대학 의과대학에서 응급의학과장을 하고 있던 교수들에게 연락했다. 기획과 관리 부문 의사 2명을 뽑아서 응급의료센터를 운영할 계획이었다. 관심 있는 의사가 있으면 연락을 달라고 했다. 민용일에게 연락한 것도 이 같은 차원에서다.

황정연은 전북대 의대, 민용일은 전남대 의대를 졸업해 대학은 다르지만, 황정연이 3년 선배다. 둘 다 응급의료 초창기 멤버.

한덕은 민용일의 말을 듣고 황정연을 찾아갔다.

황정연은 한덕에게 중앙응급의료센터 건립 계획을 장황하게 설명하고 난 뒤 물었다.

"중앙응급의료센터에서 근무할 생각 있나?"

한덕은 곧바로 대답했다.

"응급의료정책을 만드는 것에 관심이 많습니다. 열심히 해보겠습니다."

한덕은 황정연으로부터 설명을 듣는 순간 '내가 딱 하고 싶은 일이다.'라고 생각했다. 황정연을 만난 뒤 곧바로 중앙응급의료센터에서 근무하기로 마음먹었다.

아버지 윤재태는 아들의 공무원 입성에 자부심을 느꼈다. 2002년 2월, 고향 출신 계모임이 광주에서 열렸다. 광주에서 활동하고 있는 해남 용덕마을 사람들 20여 명의 모임이 있었다. 이 모임 막내인 윤목현에게 윤재태는 모임을 한 번 하자고 제안했다.

"야! 조카들도 다 모이라고 해라. 내가 소주 한 잔 살란다."

의외였다. 교사들이 한 턱 낸다고 하면 경제적으로 부담이 컸다. 월급이 박봉이라 윤재태가 기분까지 내면서 한턱을 내고 나면 몇 개월 동안 살림에 영향을 미칠 수 있었다.

"뭐가 좋은 일 있어서 그런다요?"

윤목현은 무슨 일이 있는지 물었다.

"한덕이가 공무원 되었다고 안 그라냐!"

의료 서기관으로 가게 된 아들 한덕이가 자랑스러웠다.

행정고시에 합격하면 5급 사무관으로 발령이 난다. 윤재태는 아들이 5급보다 더 높은 4급으로 들어가게 되어 흐뭇했다.

"근디, 봉급은 적은데, 그래도 공무원이 최고 아니여! 벼슬인디……. 이상 자리도 높다고 안 하냐. 돈은 쬐간하다고 한디, 그래도 낫제! 내가 기분 좋아 한 잔 살란다."

16명이 모였다. 기분이 좋았다.

중앙응급의료센터는 만들어졌고, 이제는 주도적으로 추진할 일만 남았다. 센터에는 전남대병원과 세브란스병원 출신 응급의학과 의사가 각각 한 사람씩 왔다. 윤한덕이 먼저 찾아왔다. 세브란스병원에서도 응급의학과장이 한 명을 추천했다. 황정연은 윤한덕은 기획팀장, 세브란스병원에서 추천한 의사는 관리팀장으로 발령을 낼 생각이었다.

그러나 복지부는 또 다른 욕심이 있었다. 새롭게 과장급 자리가 중앙응급의료센터에 만들어지니 인사 적체 해소를 위해 이곳에 복지부 소속 행정직 공무원을 관리팀장으로 발령냈다.

황정연은 애초 2명의 의사를 채용해 중앙응급의료센터를 이끌 계획이었는데 차질이 빚어졌다. 의사 정원이 한 명으로 줄었다. 황정연은 본인과 상의도 없이 복지부가 일방적으로 결정해 불쾌했다.

뒤늦게 세브란스병원에서 온 의사에게 미안했다. 황정연은 당시 김포공항 분원장을 겸직하면서 분원을 이끌었다. 김포공항 분원은 한국공항공단과 국립의료원이 협의해 운영하고 있었다. 미안한 황정연은 세브란스병원 출신 의사에게 중앙응급의료센터 관리팀장 대신에 자신이 맡은 분원장 자리를 내줬다.

이로 인해 중앙응급의료센터에서는 의사로서 윤한덕 혼자 남아 일하게 되었다.

막상 한덕이 중앙응급의료센터에 합류했지만, 황정연은 걱정됐다. 공무원 월급이 박봉인 데다 힘든 곳이었다. 그리고 응급의료정책을 만드는 행정적인 일을 하려는 의사가 없었고, 의사 누구도 이 분야에 관심을 가지지 않았다. 괜히 미안한 마음이 들었다. 속으로 '1~2년 하다 도망가겠지.'라고 생각했다.

황정연은 한덕에게 응급의료와 관련된 자료를 건네줬다. 일하다가 어려운 일이 있으면 이야기하라고 말했다.

원래 중앙응급의료센터에 6개 팀을 만들 구상이었는데 응급의료관리팀, 기획팀 두 개만 인정됐다. 그중 응급의료정책을 만들고 집행하는 일을 기획팀에서 주로 했고, 윤한덕 혼자 짊어질 수밖에 없었다. 황정연은 한덕이 중간에 포기할 것으로 생각했는데 예상보다 잘 버텨낸 것이 대견했다. 한덕은 묵묵히 견뎌내며 하나씩 일을 풀어나갔다.

임상 의사가 진료를 그만두고 정책이나 행정 일을 하기는 쉽지 않았다. 한덕이 행정조직에서 일하기로 한 것도 대단했다. 황정연의 눈에 응급의료체계를 잘 만들어보겠다는 한덕의 열정과 의지가 느껴졌다. 한덕은 응급의료 외에는 다른 생각이 없는 것 같았다.

황정연은 나중에 한덕의 둘째 매형 김경남을 우연히 대불대(현 세한대)에서 만났다. 대불대 교수로 있는 김경남이 한덕의 둘째 매형이라는 사실을 알았다.

"집안에서 의사라고 윤한덕밖에 없는데, 돈을 벌어 집안에 덕도 보고 그렇게 해야 하는데……, 중앙응급의료센터에 와 집안의 기대를 저버린 것 아닙니까?"

황정연은 괜히 미안했다. 임상 의사로서 길을 가도록 해야 하는데 잘못 인도한 것이 아닌가 하는 염려가 돼 한 말이었다.

당시 한덕이 중앙응급의료센터에 들어간다고 했을 때 주위에서도 반대가 심했다.

"의사가 왜 그런 곳을 가냐?"는 폄훼 소리도 들었다.

"그 자리가 대체 뭐 하는 자린데?" 궁금한 사람도 있었다. 신생 행정조직에서 일하는 한덕을 오히려 이상하게 생각했다.

윤한덕의 의과대 1년 후배인 조용중은 대학을 졸업하고 인턴과 레지던트는 국립의료원에서 수련을 받았다. 이후 한덕과 비슷한 시기에 국립의료원에 임상 의사로 들어갔다.

그런데 한덕이 중앙응급의료센터에 온 것을 의아하게 생각했다. 앞서 개척했던 사람이 있는 것도 아니었고 전혀 연고도 없는 곳으로 온 한덕이 이상했다. 임상을 다 마치고 전문의까지 했던 사람이 행정을 한다고 하니 이해되지 않았다. 봉급도 임상 의사와 비교해 훨씬 적었다.

한덕이 레지던트를 시작할 때, 유인술은 원광대 의대 레지던트 4년 차였다. 한덕이 중앙응급의료센터에 간다고 했을 때 유인술은 말렸다. 응급의료시스템 정립이 안 돼 있었고 센터의 권한이 센 것도 아니기 때문이었다.

그러나 한덕은 레지던트를 하면서 느껴졌던 제도적 결함을 바꾸겠다고 생각했고, 중앙응급의료센터가 이를 실현하기 위해 좋은 곳으로 판단했다.

한덕은 스스로 다짐했다.

'나름대로 색깔이 있어야 한다. 그냥 밥벌이만 하겠다고 중앙응급의료센터에 온 사람들은 못 버틴다. 아니 안 버티는 것이 낫다.'

한덕은 의사에서 공무원 조직으로 들어왔다. 처음에는 인맥도, 일하는 방식도 낯설었다. 업무를 하면서 반쯤은 행정을 스스로 배웠다. 일에 대한 욕심은 컸고 세상을 바꾸려는 열망은 넘쳐났다. 그것으로 인한 스트레스도 많았지만, 대한민국의 응급의료의 밝은 미래를 꿈꾸며 마음을 다잡았다.

상경 上京

2002년 2월, 서울 삼각지역驛 근처에 한겨울의 차가운 바람이 몰아쳤다. 한덕이 가장 좋아하고 즐겨 부르는 정태춘의 〈북한강에서〉라는 노래처럼 서울이라는 거리는 낯설게 느껴졌다.

한덕은 지금까지 군대 생활을 제외하고는 광주와 전남 지역에만 머물렀다. 이제 서울에 직장을 마련하고 이곳을 제2의 고향처럼 생각하며 일을 해나가야 할 터였다.

한덕은 아주 낯선 이름과 낯선 거리인 삼각지역 4번 출구를 나와 터벅터벅 걸었다. 50미터를 걷다 오른쪽으로 꺾으면 교회가 있고 맞은편 골목 쪽에 쓰러져가는 허름한 연립주택 몇 채가 옹기종기 모여 있었다.

전봇대 사이를 연결하는 전선들은 주택 옆으로 실타래처럼 꼬여 있었다. 전선 중 일부는 끊어진 채 떨어져 있어 조금이라도 높은 차가 지나가면 바로 닿을 수 있어 감전 사고마저 우려됐다. 축 처진 전선이 2~3층 높이까지 내려와 건물에 가까운 전선은 손을 뻗으면 닿을 수 있어 위험했다. 가끔 지나가는 기차가 덜컹거리며 내는 소리는 주위의 적막을 깼다.

이곳 허름한 다세대 주택 3층에 한덕은 양복 2벌과 간단한 속옷 등을 들고 나타났다. 대학 선배 나백주가 전세로 사는 집이었다.

한덕이 이곳까지 오게 된 것은, 나백주가 한덕에게 자신의 집에서 같이 살자고 말하면서부터였다. 한덕은 중앙응급의료센터 근무를 결심했지만 거주할 집이 없었다. 그러던 차에 우연히 나백주와 연락이 닿았다.

한덕은 나백주에게 말했다.

"형, 저 중앙응급의료센터 기획팀장이 됐어요."

"그래, 잘됐네. 근데, 거주할 집은 있냐?"

"아니요, 아직은……."

"그래, 그럼 우리 집에서 자라."

사람과 어울리기 좋아하는 나백주가 즉석에서 한덕에게 몸만 들어와 살아도 된다고 말했다. 며칠 후 한덕은 짐을 간단히 싸 들고 나백주 집으로 들어갔다.

나백주는 2001년부터 한국보건산업진흥원에 근무했다. 군 제대 후 곧바로 진흥원에 취직이 돼 서울로 입성해 삼각지역 근처에 터를 잡았다. 그는 의과대학 2년 후배인 임정수와 함께 서울 삼각지역 근처에 절반씩 돈을 내 전셋집을 마련해 살았다. 다세대 주택 꼭대기 3층에 거실과 방 2개가 딸린 집이었다. 나백주와 임정수는 둘 다 예방의학 전공으로 서울로 올라오면서 함께 거주했다.

나중에 김양중까지 합류했다. 김양중은 서울대 의대를 졸업한 뒤 경북 영주보건소 공중보건의로 근무하다 마지막 3년 차 때 서울로 올라왔다. 공중보건의사 직무교육단 소속으로 한국보건산업진흥원에서 파견 나와 나백주와 함께 일했다. 나백주는 김양중에게 "우리 집 넓은데, 같이 살자."라고 해 3명이 함께 거주하게 됐다.

기존에 살고 있던 3명에 이어 한덕까지 합세하면서 모두 4명이 방 2개짜리 연립빌라에서 함께 살았다.

한덕은 중앙응급의료센터에 가는 것을 급하게 결정했기 때문에 일단 가족은 광주에 남고 혼자만 올라왔다.

한덕과 임정수도 잘 알던 사이였다. 한덕은 임정수보다 대학 입학은 1년 빨랐지만, 중간에 휴학하면서 같은 해에 졸업했다.

이곳에 함께 살면서 나백주와 한덕은 응급의료 이야기와 응급의료 정책을 어떻게 만들고 어떻게 평가할 것인지에 대해 이야기를 많이 나누었다. 중앙응급의료센터가 들어서기 전 응급의료 관련 질 평가, 구조평가 등은 한국보건산업진흥원에서 주로 했다. 이 때문에 나백주도 자연스럽게 응급의료에 관심이 있을 수밖에 없었다. 나중에는 이 업무가 중앙응급의료센터로 넘어갔다.

한덕은 관련 책과 자료를 열심히 읽었다. 서울에 막 올라왔을 때 공부하느라 굉장히 힘들었다. 공무원 생활을 처음 접했으며 예산도 스스로 다 짰다. 한덕은 초창기에 이것저것 혼자 많이 공부했다.

그러나 이들은 한덕이 올라온 2개월 후부터 뿔뿔이 흩어졌다. 임정수는 건강보험공단에서 울산 현대자동차로 직장을 옮기면서 울산으로 내려갔다. 나백주도 2002년 9월 건양대 교수로 자리를 옮겼다. 김양중은 그해 한겨레신문에 입사했다. 한덕도 가족이 올라오면서 삼각지역에서 몇 개월 머물렀던 생활을 마감했다.

2002년 4월, 한덕의 가족은 경기도 안양시 평촌으로 이사했다. 서울에 거주할 수 있는 전세금이 부족해 집을 마련하기가 쉽지 않았다. 고양시 일산도 알아봤지만, 평촌으로 거주지를 정했다. 민영주의 어머니, 언니, 동생 등 처가 가족 모두 평촌에 살고 있어 아내가 친정 가족들과 근처에 함께 살면 좋을 것으로 생각했다. 집에서 사무실이 있는 동대문역사문화공원까지 지하철 4호선이 다니는 것도 장점이었다.

평촌으로 올라오면서 한덕은 가족과 약속했다.

"돈은 많이 못 벌어줘도 집에는 잘 들어올게."

이를 지키려고 애를 썼다. 막 평촌으로 이사했을 때 주말에는 볼링을 치고 아이들하고 놀았다. 가을이면 캠프장, 겨울이면 스키장에도 갔다. 자상한 아빠였다.

그러나 한덕은 업무가 점점 늘어나면서 집에 들어오는 횟수가 줄
어들었다.

응급의료체계
구상

한덕은 응급의료체계를 구상하고 그 구축 과정에 대한 계획을 직원들에게 설명했다.

"일반인들은 응급의료체계를 잘 모릅니다. 여러분도 마찬가지죠. 어렵게 생각하지 말고 여러분이 직접 환자가 되어 119 구급대를 부른다고 가정해보세요. 환자가 다치면 제일 먼저 도착하는 사람이 누구죠?"

"구급대원이요."

"맞아요. 119 구급대가 출동하면 환자가 처음 접하는 사람이 구급대원입니다. 응급구조사인 구급대원의 역할이 매우 중요합니다. 병원에 도착하기 전까지 환자의 호흡이나 맥박 등을 살펴보고 응급조치를 취해야 합니다. 이 단계를 뭐라고 하는 줄 아세요?"

"병원 전 단계요."

직원들이 일제히 대답했다.

"그래요. 그것을 '병원 전 단계'라고 합니다. 병원에 도착해 의사들이 환자를 치료하는 과정을 '병원 단계'라고 하죠."

한덕은 직원들에게 응급의료의 과정과 현안 등을 쉽게 설명했다.

응급구조사는 환자에게 응급조치하면서 생명을 연장해야 할 1차 책임이 있는 사람이었다. 경증 환자면 관계가 없겠지만 중증 환자는 초기처치가 아주 중요하다.

"응급구조사는 경증 환자와 중증 환자를 분류해내고, 환자를 어느 병원으로 보내면 가장 잘 치료할 수 있을지 적합한 병원을 파악해야 합니다. 환자가 위급하다고 해서 무조건 가까운 병원으로만 보내면 안 됩니다."

"가까운 병원으로 먼저 신속하게 이송한 뒤, 의사들이 조치를 빨리하는 것이 제일 좋은 방법 아닌가요?"

직원들은 환자를 가까운 병원으로 신속하게 이동하는 것이 최선의 조치로 생각했다.

"아닙니다. 환자 상태를 파악한 뒤 중증, 경증을 가리고 그 환자에게 필요한 적절한 후송병원을 선정하는 것이 우선입니다."

윤한덕은 이어 말했다.

"환자를 보고 제대로 분류하기 위해서는 구급대원인 응급구조사에 대한 교육이 중요합니다. 이들에 대한 교육을 제대로 하는 게 환자의 치료 효과를 높이는 방법입니다. 첫 병원을 잘못 선택해 다른 병원으로 옮기는 과정에서 시간을 많이 빼앗길 수 있습니다. 골든타임을 놓칠 수 있죠."

한덕은 병원에서 병원으로 옮기는 전원이 중요하다고 생각했다. 될 수 있으면 전원하지 않기를 바랐다. 전원하면 금쪽같이 소중한 시간을 낭비해 치료 효과가 낮아질 수 있기 때문이다. 응급환자를 적절한 시간에, 적절한 병원에서, 적절한 치료가 이루어지게 하는 것이 환자의 생명을 살릴 수 있는 중요한 조치라고 여겼다.

"그런데, 팀장님. 119 구급대를 부르면, 환자와 그 가족들은 큰 병원으로 옮겨주기를 바라고, 요구하지 않나요?"

"네, 그게 문제입니다. 응급구조사가 판단해 가벼운 증상이 있으면 그에 맞는 병원으로 옮기고, 큰 병원으로 가야 할 것으로 판단이 들면 대학병원과 같은 3차 병원으로 이송해야 하는데 그것이 쉽지 않습니다. 환자가 대학병원과 같은 큰 곳으로만 가기를 대부분 희망하니까, 대형병원 응급실에는 중증 환자와 경증 환자가 뒤섞여 있는 것입니다. 대학병원은 항상 혼잡할 수밖에 없죠. 이 때문에 적절한 응급조치가 필요한 중증 환자들의 치료가 늦어질 수밖에 없는 상황이 옵니다."

"그렇다면 빨리 고쳐야 하지 않나요."

"네, 그래야죠. 하지만, 그것을 우리가 원한다고 해서 모두 되나요? 환자와 가족들이 먼저 그런 인식을 가지는 게 우선이죠……."

우리나라 대학병원 응급실에 온 환자들은 중증과 경증에 상관없이 먼저 온 사람이 빨리 치료를 받아야 한다고 보편적으로 생각한다. 이 문제도 하루빨리 개선할 필요가 있었다.

'의지가 강하다는 말은 의지를 수행하는 능력의 크기에 달려 있다. 하지만 의지를 수행하는 능력은 얼마나 큰 목표를 세우는가에 달렸다.'

한덕은 의대에 다닐 때 이 같은 메모를 적었다. 목표를 크게 세우고 실행하는 데 최선을 다해야 한다는 것을 의미한다. 응급의료도 마찬가지였다. 20~30년 걸려 이루어질 응급실 시스템을 3~5년 사이에 이루어내기를 희망했다. 응급실만큼은 고속도로처럼 빨리 달리기를 바랐다. 응급실은 국민생명의 최후 보루이기 때문이다.

한덕이 중앙응급의료센터에서 근무를 시작할 때인 2002년 예방 가능한 사망률은 50.4퍼센트(2001년 기준)*였다. 절반 정도를 살릴 수 있는데도 살리지 못했다. 적절한 치료를 받지 못해 죽는 사람이 10명 중 5명이라는 말이다. 다른 선진국은 20퍼센트 수준이었다. '예방 가

---

* 보건복지부 보도자료(2013.10.28.). 우리나라 전체의 예방 가능한 사망률은 일부 응급의료기관만을 대상으로 한 것이어서 대표성이 낮다. 이때 자료도 몇 년 동안 분석되지 않아 정확한 수치로 보기에는 한계가 있다.

능한 사망＝억울한 죽음'이었다.

그는 응급환자가 '적절한 시간에, 적절한 의료기관에서, 적절한 치료가 이루어질 수 있도록'하는 시스템을 만들 계획이었다. 응급환자들이 병원을 옮겨 다니다가 골든타임을 놓쳐 소중한 생명을 잃지 않아야 한다고 생각했다. 의사가 환자를 잘 보는 것도 중요하지만 응급의료시스템이 없는 것을 더 치명적으로 여겼다. 자신이 고생해서라도 응급의료시스템을 획기적으로 바꿀 구상이었다. 대한민국의 응급의료체계가 너무 문제가 많았다.

한덕은 환자의 사망률을 최대한 낮추는 것이 응급의료 구상의 시작으로 보고 전체를 보려고 노력했다. 현재 응급의료시스템의 구조적인 문제가 무엇이고, 그 이유와 개선 방안이 무엇인지 고민했다. 응급실에서 몇 명의 환자를 잘 치료하는 것도 중요하지만, 응급환자를 제대로 치료하는 선진국형 의료체계를 만드는 것이 더 중요했다.

일단 응급의료의 현황을 파악할 필요가 있었고, 자료를 축적하는 것이 우선이었다. 현재 응급실 환자는 몇 명이고, 진료 의사는 몇 명, 진료에 걸린 시간, 수술, 퇴원한 시간 등을 파악했다. 객관적인 자료를 수집해야, 적절한 대책과 정책을 만들어 낼 수 있기 때문이다.

전국 응급실 상황을 파악하기 위해 응급환자 치료 자료를 입력했다. 병원에 응급진료정보망을 만들어 현황 파악을 하고, 이 자료를 바탕으로 정책도 개발할 계획이었다. 목표는 미국, 일본, 프랑스 같은 세 나라 수준으로 응급의료를 발전시키는 것이었다.

일을 빈틈없이 준비하면서 일이 많아졌다. 관리팀이 있었지만, 한덕의 기획팀이 모든 것을 새롭게 추진했다.

한덕만큼 잘하는 사람이 드물었다. 그는 넓게 보고, 세밀하게 관찰한다. 밀려드는 일을 다 감당할 수 없어 간이침대를 사무실에 들여놓았다. 편하게 하려는 순간, 그 어느 일도 빨리 진행되지 않는다는 것을 잘 알고 있었다.

응급의료체계를 제대로 구축하기 위해 이송체계 정비와 응급실 정비가 시급했다. 당시 119 이송은 환자를 가까운 아무 병원이나 보내는 일이 많았다. 중증 환자는 큰 병원, 경증 환자는 작은 병원으로 보내야 하는데 그렇지 못하고 이송이 중구난방식으로 이루어졌다. 큰 병원도 체계 없이 운영했다. 제대로 된 장비와 시설을 갖춘 응급의료구역의 정비도 필요했다.

그는 직원들에게 평소에 품고 있었던 두 가지 신념을 강조하며 응급의료체계를 구축할 계획이었다.

첫째, 중앙응급의료센터가 하는 일은 환자를 행복하게 하는 것이다.

둘째, 응급실 의사들을 적극 도와야 환자들을 살릴 수 있다.

응급실 의사들이 제대로 치료를 할 수 있도록 중앙의급의료센터 직원들이 적극 도와주고 지원을 해야 궁극적으로 환자를 행복하게 만드는 길이라고 여겼다.

이를 위해 응급의료에 필요한 세부기준, 시설, 장비 등과 같은 '하드웨어'를 어떻게 구성해 응급실과 응급실 전문의 등을 도울 수 있는가를 고민했다. 전문의의 환자 진료시간, 전문의의 당직과 같은 환자 치료를 위해 반드시 필요한 '소프트웨어' 측면도 구상했다. 응급실만 보는 전문의, 간호사가 몇 명이냐를 따졌다. 응급실을 잘 돌아가게 하기 위해서는 중환자실의 여건도 중요했다. 중환자실이 얼마나 되느냐, 세부기준을 만들고 평가하는 체계를 만들기로 한다.

한덕은 2002~2003년 응급의료시스템 구축을 위해 기본적인 작업을 하나둘씩 진행했다. 하지만 현실은 만만치 않았다. 보건복지부에는 손영래 사무관 한 명이 응급의료뿐 아니라 다른 일도 한꺼번에 처리했다. 일할 사람이 없었다. 한덕 혼자서 거의 홀로 응급의료의 일을 떠맡았다.

제6장

응급의료체계 정비

치료
통로

환자가 병원에 가는 통로는 크게 외래와 응급실, 두 갈래다. 환자 대부분은 평일에 외래를 통해 병원에 들어갈 수 있지만 응급상황이 발생하거나, 야간 또는 휴일에는 응급실로 가야 한다.

그러나 평일에도 대학병원처럼 큰 종합병원은 환자가 아프다고 해서 외래로 바로 갈 수 있는 것이 아니다. 1차와 2차 병원*을 거쳐야만 한다. 이 때문에 1·2차 병원을 거치지 않고 바로 대학병원에서 진료받고 싶은 환자들은, 응급환자인 척 행세를 하며 응급실로 가는 일이 많았다.

외래는 1주일에 40시간, 응급실은 168시간 운영한다. 외래는 시간을 다투지 않지만, 응급실은 시간을 다툰다. 적절한 시간에 제때 치

---

* 1차 진료를 보는 곳을 1차 병원, 좀 더 큰 곳을 2차 병원, 대학병원 같은 곳을 3차 병원이라 한다.

료하지 않으면 사망하거나 장애인으로 살아갈 수 있다. 의료의 근원적 본질은 생명을 치료하는 것이기 때문에 응급치료는 중요하다.

실제 적절한 병원으로 이송하지 못해 죽거나, 병원으로 옮겼지만 제대로 치료받지 못해 죽는 사례가 가끔 있었다. 살릴 수도 있는 환자를 살리지 못하고 죽음으로 방치한 것이다.

다음은 그 사례다.*

2015년 5월 15일 새벽 3시 서울 한 건물에서 30대 남자가 추락했다는 119 신고 전화가 들어왔다. 119 구급대는 곧바로 출동해 13분 만에 서울의 한 지역응급의료센터에 도착했다.

이 남자는 극심한 저혈압과 빈맥(심장 박동수가 분당 100회 이상으로 빨라져 있는 상태)으로 반혼수 상태였다. 머리 손상도 의심됐다. 의식이 없고 저혈압 상태로 계속 이어졌다. 신속하게 기관 삽관을 할 필요가 있었다. 그러나 의료진은 기도 처치를 하지 않았다.

불안정한 환자에게는 대부분 실시하지 않는 뇌 CT 촬영까지 하고 말았다. 출혈 부위를 확인하기 위해 해야 하는 초음파 검사도 하지 않은 채 방치하고 있었다. 응급수술을 위한 외과 협진 요청도 없었다. X-ray 검사상 골반골절이 확인돼 골반강 출혈이 의심돼 혈관 조영술 또는 응급수술 등의 의뢰가 필요했지만, 이마저도 이루어지지 않았다. 도착한 후 3시간 30분만인 오전 6시 43분에야 빠져나간 혈액을 보충하기 위한 수혈을 실시했다.

환자는 별다른 치료를 받지 못한 채 결국 오전 7시 10분에 숨졌

---

* 실제 상황이며 사고 발생 시기와 장소만 바꿨다.

다. 후송은 빨랐지만, 의료인력의 전문성 부족으로 처치를 제대로 받지 못하고 사망했다.

응급실에서 하는 처치는 환자의 생명을 살릴 수도, 죽일 수도 있었기 때문에 중요하다. 응급실은 환자의 생명과 연결되는 이승과 저승을 가르는 '스틱스강'이었다. 그리스 신화에서 나오는, 저승을 둘러싸고 흐르는 강의 여신 스틱스가 지상과 저승의 경계를 결정하는 것처럼 응급실은 환자의 생사를 주관한다.

그러나 병원에서는 이윤 창출 차원에서는 도움이 안 돼 응급실에 투자하지 않았다. 외래환자를 진료하는 것이 응급실이나 중환자실을 운영하는 것보다 훨씬 이윤이 높았다. 돈이 되는 외래에는 투자를 많이 하지만 응급실은 의도적으로 외면해왔다. 투입하는 비용에 비해 회수되는 수입이 극히 적기 때문이다. 응급실 투자는 후 순위로 밀려날 수밖에 없었다.

2010년 연구결과에 따르면 의료기관의 건강보험 원가보존율은 평균 87.5퍼센트였지만, 응급실 원가보존율은 평균 67.8퍼센트에 불과했다. 따라서 응급의료는 다른 의료영역과 비교해 공적 개입이 불가피한 상황이었다.* 이 때문에 응급실은 병원 내에서 천덕꾸러기로 전

---

* 윤한덕, 「응급의료기관 간 단계별 역할 및 기능 정립」, 건강보험심사평가원 정책동향 9권 4호, 2015.

락했다.

우리나라 경제 수준이나 의료 수준과 비교해 응급실 투자는 뒤떨어졌다. 응급실이 중요한데도 병원은 대수롭지 않게 여겼다. 예를 들어, 인공호흡기가 고장 나면 응급실로 내려라는 식이었다. 심지어 응급의료가 공공의료 영역에 포함되는 줄 모르는 의사들도 있었다.

한덕은 응급의료가 공공의료 영역으로 깊숙이 들어가기를 원했다. 응급실 자체는 병원에서 당장 돈이 되지 않지만 중요한 부분이었다. 응급실은 응급환자가 들어오는 병원의 입구였기 때문이다.

응급실에 대한 윤한덕의 생각은 그의 페이스북(2017년 11월 3일)에서 읽을 수 있다.

지금쯤 방향을 결정해야 할 것 같다. 매년 천만 건의 응급실 방문이 있고, 향후 증가요인은 고령화뿐일 거라고 여겨왔지만 의료전달체계 개편, 디지털 헬스케어의 확대가 복병이 될 듯하다. 고전적 개념의 응급실을 더 이상 유지하기 어려운 것이다.

응급실은 응급환자가 이용하라는 곳이지만 유일하게 24시간 의료 이용이 가능한 곳이기도 하고, 거동이 어려운 환자가 누워서 이용할 수 있는 곳이기도 하다. 외래의 문턱이 높아질수록 응급실을 상급의 의료기관에 진입하기 위한 백도어로 이용하려는 수요는 커지게 마련이다. 공급자의 입장에서도 응급의료의 질을 높이는데 강요받는 비용이 커질수록 더 많은 수요를 창출하려 할 것이다. 그런데 이를 제어할 효과적인 수단은 현재 가지고 있지 않고,

채택할 수 있는 옵션도 없는 듯하다.

응급실을 응급환자에게 돌려주기 위한 소극적 규제를 지속할 것
인가, 아니면 예약 진료에서 소외된 환자의 창구로 개방할 것
인가?

이것이 문제로다.

한덕은 응급환자의 치료 통로인 응급실을 국민이 이용하기 쉽도록
만들 계획을 세웠다.

지금까지 응급실이 공급자인 병원 위주로 만들어져 소비자인 국민
은 응급실을 제대로 구별하지 못하고 있었다. 응급의료기관이 권역
응급의료센터, 지역응급의료센터, 지역응급의료기관, 전문응급의료
센터로 나뉘어져 있지만 한눈에 봐도 일반인들은 그 차이를 정확히
분간할 수 없었다. 한덕은 이를 바꾸려 했다. 응급실을 국민이 이해
하기 쉬운 명칭으로 변경할 계획이었다. 권역응급의료센터는 중증응
급의료센터, 지역응급의료기관은 지역 응급실로 바꾸려 했다.* 지역
별로 구분해놓은 관할구역을 없애고 중증도에 따라 응급의료센터를
개편할 생각이었다.

---

* 2000년에 응급의료 전달체계가 구체화 되었다. 대한민국의 주요 응급의료기관은 권
  역응급의료센터, 지역응급의료센터, 지역응급의료기관, 전문응급의료센터로 나뉘
  었다. 권역센터라는 개념은 우리나라에만 있다. 다른 나라는 병원 전달체계로 활용
  하고 있다. 즉, 환자가 진료를 받기 위해서는 하위 진료 기관부터 순서대로 진료를
  받은 뒤 정도가 심해지면 상급병원으로 가는 개념이다. 우리는 권역센터를 만들면
  서 병원 능력이 다소 떨어져도 권역별로 지정할 수밖에 없는 문제점을 드러냈다.

또 상위 응급의료기관은 119 구급대 또는 병원에서 사전에 허락받은 환자만 올 수 있도록 '병원 전 중증도 분류 제도'를 도입할 계획이었다. 중증과 경증이 한꺼번에 응급실로 몰리면서 혼잡해지고 있어 이를 방지하기 위한 조치 중 하나였다. 119 구급대가 중증인지 경증인지 사전에 판단해 중증 환자이면 응급실로 이송하는 제도다. 응급실을 중증 환자만을 위한 치료 통로로 사용하려는 것이 목적이다.

트리아지 triage

중앙응급의료센터가 세워진 2002년도에 우리나라 응급의료시스템은 제대로 갖춰지지 않았다. 빠르게 증가하는 응급의료의 수요에 적절하게 대응하지 못했다. 이송 및 병원 전 처치단계, 병원 진료단계에서 문제점들이 많았다.

응급환자 이송을 위한 구급차도 체계를 갖추지 못했다. 응급의료기관의 시설과 인력도 형편없었다. 응급환자들의 대형 종합병원 집중으로 검사 및 진료가 지연됐고, 환자들은 오히려 더 죽어 나갔다.

119 구급대와 병원과의 연계도 제대로 이루어지지 않았다. 119 구급대는 소방청 소속이며, 응급의료기관은 보건복지부 관리·감독을 받는 분절된 구조였다. 두 부처 간 협업이 원활하지 않은 것은 당연한 현상이었다. 119와 응급의료기관 간 연계가 제대로 이루어지지 못해 중증 응급환자가 최종치료를 받기까지 병원을 전전하고 있었다. 병원 전 단계와 병원의 유기적인 연계가 중요한 일이었다.

병원 내에도 응급의학과와 백업하는 다른 진료과 사이에 불협화음이 심했다. 부서 이기주의에 빠져 있었다. 보건복지부도 환자 전체 흐름을 보지 않았다. 총체적으로 응급의료시스템의 개선이 필요했다.

상당히 왜곡된 응급의료시스템을 획기적으로 바꾸지 않고서는, 윤한덕이 그동안 레지던트 때 겪었던 혼란과 고통스러웠던 응급의료의 현실이 그대로 재현될까 두려웠다. 이를 바로잡고 싶었다.

한덕은 2018년 김상희 국회의원실 주최로 열린 토론회에서 이렇게 말했다.*

"119 - 응급실, 응급실 - 최종치료 사이 분절은 여전히 개선되지 않고 있습니다. 보건복지부 - 소방청, 중앙정부 - 지자체 간 합리적이고 원활한 거버넌스 체계를 구축할 필요가 있습니다."

한덕은 응급의료시스템을 개선하기 위해서는 첫 번째 가장 중요한 조치가 환자 분류와 이송이라고 생각했다. 환자의 중증도에 따라 환자를 분류하는 체계를 우선 마련하는 것이 시급한 과제였다. 2018년 감사원 감사결과에 따르면, 119 구급대가 중증 외상 환자를 비 중증으로 분류한 사례가 77퍼센트였다.**

---

* 뉴시스(2019년 2월 10일).
** 김상희, 「응급의료체계 리폼 입법공청회」, 국회의원 김상희·인구정책과 생활 정치를 위한 의원모임, 2019.

다음은 처음부터 중증 환자로 분류해 적절한 병원으로 옮겼으면 살았을 가능성이 큰 환자의 사례다.*

2012년 6월 5일 오후 4시께 경남에서 60대 할머니가 보행 중 차량에 치였다. 10분 만에 인근에 있는 조그만 A 병원으로 119를 통해 이송됐다.

A 병원은 x-ray 검사 등을 하다가 환자의 혈압이 낮아지자 진료 개시 35분 만에 말초 정맥주사 하나에 수액만을 투여하면서 다시 인근 대학병원으로 이송했다. 이송 시 상태가 불안정한 환자는 당연히 의료진이 동승해야 하는데도 하지 않았다.

환자는 전원 후 20분 만인 오후 5시 5분에 대학병원에 도착했지만, 심장이 이미 정지한 상태였다. 의료진은 심폐소생술을 실시했고 10분 만에 심장박동이 회복됐다.

하지만 치명적 허혈성 뇌졸중으로 뇌 신경세포가 제기능을 하지 못했다. 심장박동 회복 후 이 대학병원에서 지속적 검진 결과 대량의 혈흉(늑막강에 혈액이 고이는 것)과 골반골절이 있어 출혈성 쇼크로 확인됐다. 환자를 수술해도 이미 회복할 수 없는 뇌 손상을 입은 것으로 판단했다.

보호자 동의를 얻어 수술할 예정이었지만 다시 심정지가 오면서 숨졌다.

진단은 massive hemothorax(가슴 속에 혈액이 대량으로 축적되는 것), pelvic bone fracture(골반뼈 골절). 이 정도의 손상 기전에 노인 환자면 처음부터 수술이 가능한 병원으로 옮기는 게 마땅한 방법이

---

* 실제 상황이며 사고 발생 시기와 장소만 바꿨다.

었다.

이 할머니는 A 병원 방문 없이 곧바로 대학병원으로 이송되었다면, 생존 가능성이 큰 환자였다. 하지만, 치료가 어려운 병원으로 이송돼 치료 시기를 놓쳤다.

선진국은 구급대가 외상환자를 보면 곧바로 분류해 환자를 적절한 병원으로 이송하는 시스템을 갖추고 있다. 미국 시애틀의 1급 외상센터 1개는 알래스카를 비롯해 4개 주를 관할하고 있다. 일본은 신고 당시부터 중증과 경증을 판단한다. 구급대가 도착한 후에는 환자를 어디로 이송할지 분류한다. 이 같은 체계를 통해 3차 응급의료기관의 과밀화를 막고 있다. 영국도 이송단계부터 중증과 경증을 분류해 외상센터를 결정하며, 환자가 도착하기 전에 병원에 사전연락을 취해 병원이 대기하도록 하고 있다.

선진국에 비해 우리나라는 환자 분류가 잘 이루어지지 않았다. 이 때문에 중증도 또는 부상자를 분류하는 응급환자 분류체계인 트리아지 triage가 중요했다.

대량재해가 발생했을 때 의료진은 가장 먼저 중증도를 분류하고 응급처치해야 한다. 다음으로 긴급환자, 응급환자, 비응급환자, 사망자 순으로 이송 순위를 정해 신속하게 이동한다.

그러나 우리나라 응급의료시스템의 첫 단추인 환자이송시스템은 문제였다. 응급환자가 119에 전화하면, 119 구급대는 응급 정도와 상관없이 환자를 가까운 병원으로 이송하는 일이 종종 벌어졌다.

김윤 서울대 교수는 119 구급대의 환자이송에 대해 다음과 같이 지적한다.*

"119구급대원들이 환자를 최종 치료능력을 갖춘 병원으로 이송하는 게 아니라 가까운 병원으로 이송한다. 엉뚱한 곳으로 환자를 데리고 가기 때문에 전원이 일어난 것이다. 환자의 중증도 판단에 따른 이송체계를 갖출 필요가 있다."

언론에서도 이 같은 문제점을 지적했다. 조선일보 김철중 의학 전문기자는 2010년 7월 18일 '인천대교 사건** 응급 난맥상'이라는 칼럼을 통해 환자 분류의 중요성을 강조했다.

대량환자 발생 시 가장 중요한 것은 현장에서의 신속한 환자 분류다. 긴급, 응급, 비非응급, 지연(사망자) 순으로 이송 순서를 정한 후 그에 맞는 색깔별 완장을 환자에게 채운 후 구급차가 오는 순서대로 이송해야 한다. 긴급 중증 환자를 가장 가까운 대학병원으로 옮기고, 경환자는 멀리 떨어진 병원으로 이송해야 한다. 사망자 이송은 제일 나중이다. 살릴 수 있는 사람부터 빨리 옮겨야 하

---

* 김상희, 「응급의료체계 리폼 입법공청회」, 국회의원 김상희·인구정책과 생활 정치를 위한 의원모임, 2019.
** 2010년 7월 3일 오후 1시 20분경 인천대교 근처에서 고속버스가 고장으로 멈춰 서 있던 승용차를 피하려다 가드레일을 들이받고 10미터 아래로 추락했다. 이 사고로 14명이 숨지고 10명이 다쳤다.

기 때문이다.

하지만 그날 현장에서는 이런 원칙이 무시됐다. 인하대 병원이 가장 가까운 '큰 병원'이라는 이유로 16명의 중증 환자와 사망자, 경환자 등이 뒤섞여 쏟아져 들어왔다. 응급센터가 일시에 아수라장이 된 것이다. 이 과정에서 헬리콥터로 3명의 사망자를 이송하는 희한한 일도 벌어졌다. 외상外傷환자가 사고 근방 한방韓方병원으로 먼저 갔다가 대학병원으로 재이송된 경우도 생겼다. 사고 발생 접수 단계부터 소방본부와 응급의료정보센터 간에 협조만 잘 이뤄졌어도 이 같은 혼선은 대폭 줄었을 것이다.

15년 전 삼풍백화점 붕괴사고 때도 똑같은 일이 벌어졌다. 초기에 구조되거나 발견된 환자들과 사망자가 강남성모병원(현 서울성모병원)으로 대거 이송됐다. 현장에서 가장 가깝다는 이유였다. 이 때문에 강남성모병원 응급센터에는 중증과 경증 환자가 뒤섞여 아비규환을 이루었다. 가장 먼저 의료진의 손길이 필요한 긴급환자에 대한 즉각적인 처치가 지연되기도 했다. 중증 환자가 강남성모병원에 왔다가 더 멀리 떨어진 작은 규모의 병원으로 재이송되는 사례도 생겼다. 이후 소방과 응급의학계에서는 대량환자 발생 시 이송 매뉴얼도 만들고, 의료진 출동 체계도 갖추자는 여러 의견이 나왔다. 하지만 그때나 이제나 나아진 게 하나도 없다는 느낌이다.

소방본부는 행정자치부 소속이고 응급의료기관은 보건복지부 관할이다. 관가官街에서 나오는 말로는, 재난 응급의료를 놓고 누가 주도권을 쥐느냐에 대한 부처 간 뿌리 깊은 알력이 있다고 한다. 그 사이 소방본부는 '의료 없는 이송', 응급의료센터는 '현장 없는 의료'로 각자 따로 지내는 것이 관행이 됐다.

신속한 환자 분류가 중요하지만, 119 구급대가 응급과 비응급을 구분해 적절한 병원으로 이송하는 것은 어려운 측면도 있다. 환자가 119구급차량에 막상 탑승하면, 환자나 보호자들은 적절 병원보다 가장 가까운 병원, 대형병원을 선호하기 때문이다. 구급대원들은 환자나 보호자의 의료기관 선택권을 무시할 수 없는 상황이 된다. 이로 인해 대형병원으로 응급환자의 쏠림 현상이 발생할 수밖에 없다.

소방청은 119구급 업무는 복지부 소관이 아니어서 분절은 불가피하다고 주장하고 있다. 병원 전 단계에서 충분히 검증된 중증도 평가 도구도 없으며, 그러한 도구를 사용해 환자를 원거리 이송했을 때 치료 결과 역시 충분한 연구가 없다고 주장한다. 환자, 보호자의 의견에 반하는 이송이 현실적으로 쉽지 않고 나중 책임 소재도 있다는 것이다.*

한덕은 응급의료센터만 잘 돌아가는 것을 생각하지 않고 소방까지 모든 것을 항상 염두에 두고 일을 추진했다. 그렇지만 병원 전 단계의 조치가 많은 것을 좌우하기 때문에 트리아지가 중요하다고 봤다.

---

* 김상희, 「응급의료체계 리폼 입법공청회」, 국회의원 김상희·인구정책과 생활 정치를 위한 의원모임, 2019.

응급의료이송
정보망

119 구급대가 환자이송을 시작한 것은 오래되지 않았다. 88올림픽이 열릴 당시에는 이송 시스템은 물론 이송에 대한 개념 자체도 없을 때였다. 환자이송은 1990년대 중반부터 소방에서 시작했고, 환자 이송 체계를 만들어 전국적 망을 갖춘 것은 1990년대 말이었다. 이때에는 환자이송보다 출동을 빨리해 환자를 병원에 데려주는 것이 급선무였다. 당시 국회는 환자이송 시간이 선진국에 비해 늦다며 복지부를 질타했다.

윤한덕이 중앙응급의료센터에 근무하면서 느꼈던 것은 환자 이송 체계가 제대로 갖추어져 있지 않다는 것과 진료의 표준화가 시급하다는 부분이었다.

먼저 환자이송시스템에 대한 문제를 인식했다.

중앙응급의료센터가 설립된 2002년 119 구급대원의 구급일지는 천차만별이었다. 환자를 제대로 치료하려면, 병원 전 단계가 중요했다. 병원 전 단계에서 중요한 역할을 맡은 사람은 응급구조사로 이들의 구급일지 작성이 환자의 상태를 파악할 수 있는 1차 자료였다.

환자를 살리기 위해서는 병원에 오기 전 119구급차에서 어떻게 처치가 이루어졌는지 파악하는 것이 중요하다. 구급차가 신속하게 이송하는 것도 좋지만, 제대로 된 처치, 적절한 병원으로 이송하는 것이 환자의 초기진료에 승패를 좌우한다. 초창기에는 PDApersonal digi-tal assistant(개인용 정보 단말기)를 통신 수단으로 사용했다.

구급대와 의료진과의 불통은 환자의 치료를 지연시켰다. 빠른 치료를 위해 환자가 병원 도착과 동시에 의료진이 정보를 알 수 있도록 시스템을 갖출 필요가 있었다. 구급일지를 전산화해 구급대와 병원과의 소통을 원활히 하고 싶었다. 한덕은 2003년 응급의료이송정보망 구축에 나섰다.

그러나 응급구조사가 협조하지 않았다. 기록으로 남기는 것도 싫어했다. 규격화된 매뉴얼도 없었다. 환자 정보 입력이 꼼꼼하게 되어 있지 않아 119 구급대원과 병원 의료진과의 실랑이는 곳곳에서 벌어졌다. 현장의 반발이 심했다.

"바쁜 현장을 모르고 어떻게 환자에 대한 정보를 다 기록으로 남기나?"

"이송정보에 대한 교육을 받아야 하는데, 교육할 수 있는 곳이 없다."

"오지에는 소방 공무원도 없는데, 어떻게 환자이송 정보를 기록하느냐?"

주로 이러한 내용으로 항의 전화가 한덕에게 빗발쳤다.

한덕은 이를 해결하는 방향으로 하나씩 제도를 개선해 나갔다. 이송 업무 관련 법과 응급구조사들이 반드시 해야 할 업무 지침 매뉴얼을 만드는 것이 시급한 과제였다.

정부 부처는 어디든 부처 간 다툼이 다소 있다. 보건복지부와 소방청도 마찬가지다. 소방에서는 응급의료기금을 자기 조직에 편입하려 했고, 보건복지부는 119구급 업무를 가져오려고 했다. 그 사이에서 한덕은 고민했다. 환자를 위한 길은 서로 협력하는 방법밖에 없다는 것을 그는 너무 잘 알고 있었다.

환자가 발생했을 때 119 구급대가 병원에 사전 통보하는 것은 중요하다. 통보하면 병원은 상황을 파악해 환자를 받거나 받을 상황이 아니면 다른 곳으로 갈 것을 권유한다. 그러나 초창기에는 119 구급대가 병원에 통보 자체를 하지 않았다. 연락 없이 오는 경우가 많았다. 119 구급대는 빨리 병원에 데려가는 것이 우선이었다.

이 같은 이유 등으로 소방과 병원의 관계가 원활하지 않고 계속 삐거덕거렸다. 지금은 이송 장비 하드웨어가 좋은데 당시에는 PDA도

생소했다. 구급차에다 패드 PDP Plasma Display Panel(일종의 화면 표시장치)를 놓고 구급대원이 그것을 쓰고 병원에 보내면 환자를 파악하는 형태로 이송정보가 이루어졌다.

네트워크 환경이 좋지 않아 정보를 실시간으로 전송하거나 작성할 수 없었다. 당시에는 와이파이 개념이 없을 때였다. 인터넷 선이 필요했다. 통신망 자체가 불안하니까 전송도 오래 걸렸다.

그런 상황에서 한덕은 응급의료이송정보망을 구상했다. 스마트폰이 나오지도 않은 시절이었는데도 시대를 앞서나가며 만든 시스템이었다. 오히려 한덕의 구상을 뒷받침해 줄 기술력이 없어 실행이 미뤄졌다.

한덕은 응급실을 하루라도 빨리 개선하고 싶었고 이를 해결하기 위해 응급환자이송시스템을 구축하는 것을 우선으로 생각해 적극적으로 추진했다. 그러나 복지부는 이송도 중요했지만, 응급의료기관을 만들고 구축하는 것이 우선이었다. 이송체계 논의는 후 순위로 밀릴 수밖에 없었다.

한덕은 이에 아랑곳하지 않고 응급환자이송정보망 구축에 적극적으로 나섰다. 인프라가 제대로 갖춰지지도 않은 상태에서 시대를 앞선 획기적인 시스템이었다는 평가를 들었다.

2018년 현대정보기술 정나라 부장은 한덕에게 카카오톡으로 메시지를 보냈다. 윤한덕이 구상했던 응급의료이송정보망이 시대를 앞서

갔다는 내용이었다.

문득 센터장님 생각이 나서, 센터 식구들도 한분 한분 떠오르고, 잘들 지내시는지…….

최근 트렌드를 보니, P－HIS(정밀의료 병원정보시스템)다 공통데이터 모델CDM 적용이다, 얘기들이 나옵니다. 생각해 보면 국가응급의료진료망NEDIS 이야말로 전국에 있는 응급의료센터, 응급의료기관으로부터 표준화된 항목과 코드로 응급환자 관련 데이터를 모으고 통계를 내며 OLAP(온라인분석처리), 평가 등에 활용하고 있는데, 빅데이터의 시초가 아닐까 하는 생각이 들었습니다. 시대를 앞서서 실현한 통합정보망 구축이었지요.

응급의료이송정보망도 시대를 앞서갔습니다. 인프라가 뒷받침이 안 돼서 모뎀 달고 UMPC(울트라 모바일 PC, 초경량 개인 컴퓨터)를 탑재하다 보니 전송속도 등 어려움이 있었는데, 요즘은 다들 모바일 기기를 가지고 다니고 LTE망에 원격화상이나 텔레콘퍼런스가 자연스러운 시대가 되었지요.

정말 센터장님의 혜안은 탁월하셨다고 생각됩니다.

국가응급진료
정보망NEDIS

2003년 6월 복지부 보건자원과 손영래 사무관은 윤한덕에게 말했다.

"다음 달 김화중 장관님이 미국을 가실 예정입니다."

"왜요?"

"선진국 의료의 실태를 파악하기 위해서요."

손영래는 김화중 복지부 장관의 미국 방문에 한덕의 수행을 부탁했다.

"미국 질병관리본부CDC와 메릴랜드 트라우마센터를 방문해 미국 의료의 현실을 볼 계획입니다."

"알겠습니다. 그러면 세부 일정 조율이나 방문 일정 등은 중앙응급의료센터에서 알아볼게요."

그해 7월 유인술, 손영래, 윤한덕 등은 장관과 함께 미국 의료시스템을 살펴봤다. 이들은 중증 외상 환자를 살리기 위해 병원, 주 정부, 경찰항공대가 하나의 바퀴처럼 굴러가는 메릴랜드주 응급의료서비스시스템MIEMSS을 봤다. 주 전체를 총괄하는 하나의 응급의료시스템이 완성된 곳이다.

한덕은 이를 보고 우리나라도 미국과 같은 응급의료시스템을 만들고 싶었다. 응급환자가 발생하면 처음부터 퇴원할 때까지 흐름을 알고 싶었다. 그 출발은 단순했다.

그러나 응급의료시스템을 만든다는 것은 쉬운 일이 아니었다. 메릴랜드 응급의료시스템이 있다는 정도만 알고 있었지, 어떻게 구현해 낼지 고민이었다.

먼저 국가망을 만들어볼 생각으로 한덕은 2003년 국가응급진료정보망National Emergency Department Information System, NEDIS을 직접 기획하고 개발에 착수했다.

네디스NEDIS는 응급 관련 기초자원을 수집하는 시스템이다. 실시간으로 환자현황을 파악할 수 있고 응급환자의 현황을 한눈에 분석하려는 것이다. 데이터를 알아야 응급의료의 문제를 파악할 수 있었다. 응급실에 온 환자에 대한 진료 정보를 수집해 이를 근거로 응급의료통계 산출, 응급의료기관에 대한 평가 및 질 향상 등 정책 근거 자료로 활용할 생각이었다.

한덕은 전산에 관심이 많아 흐름이나 구성에 대한 이해도가 높았다. 컴퓨터 활용은 물론 통계까지 직접 다 할 줄 알았다. 응급환자가 들어오면 어떤 처지를 했고 다른 곳으로 옮겼는데 뭐가 필요하다, 이런 일련의 조치를 확인했다.

네디스NEDIS는 병원 전산 프로그램보다 앞선 프로그램이었다. 병원에서는 전산 능력이 되지 않아 초기에는 손으로 일일이 적어 네디스NEDIS에 환자의 기록을 올렸다. 네디스NEDIS를 구현하기 위해서는 병원 전산 수준이 중요했다.

당시에는 병원 전산 체계가 없었다. 네디스NEDIS 완성도도 중요하지만, 병원 전산 능력이 뒷받침을 못 했다. 일부 병원은 수납 쪽은 전산화가 되어있었지만, 진료 쪽은 전산화가 안 돼 있어 종이로 활용했다. 서울대병원도 네디스NEDIS를 안 깔고 환자를 진료한 뒤 입력하는 방식으로 운영했다.

2006~2010년까지 병원에 EMRElectronic Medical Record(전자의무기록) 전산시스템이 깔리면서 전산처리가 폭발적으로 늘어났다. 네디스NEDIS 수집대상이 2014년 1월부터 전체 응급의료기관으로 확대됐다. 네디스NEDIS 자료를 병원 내 처방 전달시스템OCS, Ordering Communication System*과 연동해 만들었다. 큰 병원 60개 정도는 연동할 수 있었지만, 나머지 병원들은 손으로 밤새 직접 입력했다. 제대로 쌓이면 의

---

* 의료기관에서 컴퓨터망을 통해 의사의 처방을 각종 진료 지원부에 전달함으로써 진료 및 처방에 걸리는 시간을 대폭 줄이고, 처방 명세를 컴퓨터에 저장해 두고 환자 진단 시에 이를 손쉽게 조회할 수 있어 진료의 질을 높일 수 있는 의료정보시스템. 네이버 지식백과 참조.

미 있는 정보를 많이 얻을 수 있을 것 같았다.

한덕은 전남대병원에 근무할 때 스스로 병원 환자 흐름 시스템을 만들어 운영했던 경험이 있다. 단순한 프로그램을 만들고 전산을 직접 개발한 것이다. 군대 있을 때도 전산 공부는 게을리하지 않았다. 네디스NEDIS가 나온 배경에는 한덕의 전산에 대한 지식과 열망이 있었기 때문에 가능했다.

한덕은 컴퓨터 전산업체를 선정해 하나하나씩 작업을 해나갔다. 어떤 데이터를 만들어야 하고 어떻게 시스템을 만들어 정보를 수집해야 하는지 고민했다. 중앙응급의료센터에 첫발을 들인 후 네디스 NEDIS 구축을 강하게 밀어붙였다. 중앙응급의료센터에서 근무했던 사무관이자 의사인 강영아가 기초작업을 하고 한덕은 총괄했다.

그러나 시작부터 난관에 빠졌다. 전산화가 어려웠다. 전산업체가 프로그램을 다 만들어 제공했는데 제대로 작동하지 않아 계속 수정했다. 표준화된 데이터 수집 방식도 없었다. 소방대원들과 의사들의 적는 방식이 달랐다. 병원·이송기관마다 사용하는 방식, 데이터를 모으는 방식이 제각각이었다.

소방방재청 내에도 중앙과 지방에 있는 소방 조직의 구조가 달라 시스템을 한 가지로 통일하는 데 애를 먹었다. 병원도 서로 다른 조직체여서 데이터 작성이 중구난방이었다. 데이터를 통일하는 작업을 시도했지만 많은 시간이 걸렸다. 수도권에 있는 병원과 대형 종합병원은 빠르게 전산망을 구축했지만, 지방은 오래 걸렸다.

전산은 초기에 구축은 어렵지만, 나중에는 자료가 모두 집중해 들어오면 관리가 쉽다. 한 번 만들면 전산으로 연동되어 있어 병원 진료 자료가 자동으로 들어올 수 있다. 초기 구축비용은 많이 들지만 구축하면 운영비용이 많지 않은 것도 장점이다. 응급실로 온 환자들의 전국 데이터를 초기에 구축할 때 힘들지만 나중에는 다양하게 활용할 수 있다는 것을 한덕은 잘 알고 있었다.

그의 이런 노력에도 불구하고 곳곳에서 저항에 부딪혔다. 중앙응급의료센터가 귀찮은 일을 시작해 모두가 못마땅하게 생각했다.

변화에 소극적인 기득권의 반발이 거셌다.

우선 의사들이 불만이 컸다. 환자가 언제 들어왔고, 언제 약을 받았는지 환자의 진료 정보를 일일이 입력해야 하기 때문이다. 의사나 간호사들은 응급환자 진료하기도 버거운 상황에서 네디스NEDIS 입력으로 짐이 하나 더 늘어 싫었다.

특히 대학교수들의 반발은 심했다. 한덕은 스승뻘 되는 대학교수들과 회의하면서 하나씩 개선해 나가려 했지만, 교수들은 새로운 것을 받아들이는 것이 반가울 리 없었다. 환자 기록을 일일이 입력하는 것은 귀찮은 일이었다.

그렇지만 한덕은 밀어붙였다. 일을 추진하기 위해서는 비난을 받더라도 감수해야 할 일이었다. 깐깐할 정도로 몰아붙였다. 의과대학

교수들이 좋아할 리가 없었다. 의대 교수 정도면 권위와 명예로 사는데 이제 막 전문의를 딴 젊은 친구에게, 그것도 한참 후배에게 쓴소리를 듣는 것 자체가 기분 나빴다.

"건방진 놈"

"버릇없는 젊은 친구"

비난이 쏟아졌다.

의과대학 교수, 그것도 국내 최고 대학의 베테랑 교수들은 거침없이 밀어붙이는 한덕의 행태에 불만을 보였다.

네디스NEDIS 등록범위를 놓고 일부 대학교수의 반대로 난관에 부딪혀 많은 기관에 네디스NEDIS를 깔지 못했다. 권역응급의료센터 위주로만 시범 설치하면서 차츰 늘려나갔다.

병원에서도 응급실이 바쁜데 어떻게 환자의 정보를 손으로 일일이 다 입력하느냐 불만이었다. 네디스NEDIS 입력을 할 사람의 인건비를 주지 않으면 안 하겠다고 반발했다. 대구에서는 EMR을 구축한 후 시행할 생각이었다. 광주에서는 환자 진단명을 줄 수 없다고 버텼다. 사생활 보호를 핑계로 대며 비협조적이었다.

이 같은 요구가 분출하자, 한덕은 현장의 애로사항을 듣고 들어주었다. 네디스NEDIS 자료를 입력할 수 있는 사람의 인건비를 지원하기로 했다. 지원받은 아르바이트 직원들은 저녁마다 자료를 입력했고 입력 과정에서 의료용어를 잘 알지 못하면 의사에게 문의했다.

한덕은 6년간 응급실에서 뼈저리게 느낀 현장경험을 그대로 적용했다. 네디스NEDIS 구축을 통해 환자의 흐름을 한눈에 파악할 수 있도록 할 계획이었다. 응급의료기관 체계 정립과 평가, 응급의료 전용헬기 도입, 재난·응급의료상황실 운영, 응급의료종사자 교육·훈련 등에 필요한 데이터를 네디스NEDIS로 수집했다.

한덕의 네디스NEDIS에 대한 열정은 업체 선정 과정에서도 나타났다. 다음 사례를 보면 잘 알 수 있다.

한덕은 정보시스템이 평소 잘 돌아가게 하기 위해서는 유지보수 전담업체가 상주하며 관리하는 것이 필요하다고 생각했다. 그는 관리 전담 회사 선정을 위해 2013년 여름, 입찰공고를 냈다. 당시 참여 업체는 3곳이었다. 3개 업체는 제안배경과 구체적인 사업계획 등을 심사위원들에게 설명했다.

브리핑을 다 듣고 한덕은 마음에 드는 업체가 없었다. 미덥지 않았다. 제안업체 내부심사를 진행하면서 한덕은 3개 업체 다 싫다는 의견을 제시했다. 원래 공공입찰에서는 그렇게 할 수 없었다. 입찰 자격에 하자가 없으면 그중 한 곳을 선정해야 하는 것이 규정이었다.

그러나 한덕은 3개 업체를 다 떨어뜨릴 계획을 세우고 모두 과락을 시키자고 평가위원들에게 제안했다. 있을 수 없는 일이 벌어졌다.

"충격이라도 줍시다. 너무 성의 없이 입찰에 참여했다는 것을 느끼게 해야 할 것 같습니다."

한덕은 참가업체들이 제대로 된 준비도 없이 입찰에 참여했다고 생각했다. 이 업체 중 어디로 선정되든, 일을 진행하기가 쉽지만은 않겠다고 간주했다. 평가위원들을 설득해 3개 업체를 다 떨어뜨렸다. 모든 업체를 과락시키자 실무자들은 갑자기 골치가 아팠다. 이들은 회의장을 나와 담배를 피워 물면서 한숨을 푹푹 내쉬었다.

"이 사업을 사실상 내년도로 이월하게 될 것 같네요!."

"그래, 불용액* 처리로 될 것 같은데⋯⋯."

복지부 공무원은 의사가 행정을 잘 모른다고 생각했다. 정보화 업체 선정작업에 대해 감각이 무딘 결정으로 이해할 수밖에 없었다.

세 곳 모두를 탈락시켰다는 이야기를 전해 들은 조달청 관계자는 복지부 담당자에게 전화로 항의했다.

"입찰 참가업체 다 떨어뜨린 것, 그것 미친 짓 아닙니까? 적당히 하지 왜 그렇게 했어요. 아니면 우리에게 사전에 양해를 구했어

---

* 국가가 쓸 예산을 편성해놨지만 쓸 필요가 없을 때 남아도는 돈을 다시 국고로 반납하는 것. 불용액 처리를 하면 다음 연도에 예산편성을 해주지 않을 수 있어 사업추진이 제동이 걸릴 수 있다. 이 때문에 예산을 받은 기관은 그 돈을 그해 무조건 쓰려고 하는 경향이 있다. 대표적인 사례가 연말이 되면 길거리 곳곳을 파헤치며 공사하는 보도블록 공사다. 국토교통부는 이를 방지하기 위해 2007년 '보도설치 및 관리 지침'을 개정해 보도를 신설하거나 전면보수 준공 후 10년 이내 전면보수는 금지했다. 그렇지만 국민은 행정기관이 연말이면 불용예산을 없애기 위해 관성적으로 보도블록 교체공사 등을 시행해 '혈세 낭비'를 하고 있다고 생각한다.

야죠."

응찰자가 없어 다시 재입찰하는 사례는 있었지만, 다수가 응찰했는데 다 떨어뜨린 사례는 거의 없었다. 조달청 담당자도 복지부의 이런 사례가 이해되지 않았다.

한덕의 생각은 이랬다.

'입찰 재공고를 내면 업체에는 15~20일 시간이 생긴다. 보완해서 다시 선별하는 시간을 가질 수 있을 것이다.'

한덕은 강단 있게 말했지만, 실무자는 긴장했다. 떨어진 참가업체들이 안 들어오고, 입찰에 참여하는 업체가 하나도 없으면 사업을 어떻게 할 것인가? 아예 사업추진도 못 할 것을 우려했다.

하지만 한덕은 자신감이 있었다. 자신감이 없었다면 그런 행동도 하지 않았다. 그 분야 업무를 잘 알기 때문에 가능한 일이었다. 응급의료체계를 정확히 알고 있었고 이에 수반한 IT를 활용한 업무를 훤하게 꿰뚫었다. IT 분야는 누구보다 많이 알았다. 전산직 직원들도 혀를 내두를 정도로 전문지식까지 파악하고 있었다.

그는 어떤 일이 벌어지면 전문가처럼 공부한다. 오히려 전문가보다 더 많이 파악한다. 한번 손을 대면 거의 모든 것을 섭렵할 때까지 많은 자료를 찾고 분석한다. 성격 자체가 항상 완벽함을 추구했다.

특히 네디스NEDIS를 직접 만들어 애정과 관심이 많았다. 네디스NEDIS 관리를 하는 전산업체가 중요하기에 허투루 업체를 선정하면 안 된다고 생각했다. 본인의 상식에서는 그 업체들이 현재의 상태에서는 일을 제대로 수행할 수 없을 것으로 판단했다.

나중에 재입찰을 했을 때 세 개 업체가 보강을 한 뒤 그대로 들어왔고, 그중 보강을 가장 많이 한 업체가 사업 수행자로 선정됐다. 한덕의 판단이 적중한 것이다.

그러나 당시 실무자를 비롯한 공무원들은 위험한 판단이었다고 회상한다. 중앙응급의료센터 직원들도 그런 전략이 효과가 있었다는 것을 나중에 알았지만, 당시에는 위험했다고 생각했다.

네디스NEDIS 자료는 상당 기간 쌓였다. 해외에도 이런 사례가 없었다. 그 자료를 기반으로 응급의료정책을 수립했다. 정책을 만들기 위해서는 근거가 있어야 하는데 지표까지 만들어 어떤 개선을 해야 할지 알았다. 축적된 데이터를 사용할 수 있었다.

질병관리본부도 네디스NEDIS 자료를 많이 활용하고 있다. 자살 예방 프로그램 작성이나, 감염병 흐름 등도 네디스NEDIS 자료를 참조한다. 중앙응급의료센터는 손상에 관한 감시체계 정보를 질병관리본부에 많이 주었다. 질병관리본부는 그 자료를 바탕으로 자료를 만들었다. 처음에는 자료 전송이 약간 느렸지만, 이제는 실시간으로 올라와 활용이 더욱 쉬워졌다.

네디스NEDIS가 의료 연구용역에도 많은 도움을 주었다. 연구용역을 위한 의료자료를 분석할 때 네디스NEDIS의 역할이 중요했다. 네디스NEDIS를 활용한 분석으로 연구의 신뢰성을 높일 수 있는 계기가 되었다. 병원뿐만 아니라 네디스NEDIS 시스템을 행정에 활용하는 일이 꽤 늘었다. 통계청 통계도 네디스NEDIS 자료를 활용했다.

현재는 전국 400여 개 응급의료기관을 대상으로 네디스NEDIS를 구축한 상태다. 이를 근거로 질병관리본부에서 하는 감염병 감시, 손상 감시 등 응급실 내원 환자에 대한 표준등록체계의 기반이 되어 운영하고 있다.

한덕은 네디스NEDIS와 관련해 2건을 특허 출원했다. 응급실 진료 정보를 기반으로 질병 감시시스템을 체계적으로 만든 것을 보존하기 위해서였다. 두 개의 특허를 받았다.

1) 특허명: 응급실 진료 정보를 기반으로 한 질병 감시시스템 및 방법
   (특허권자: 국립중앙의료원, 발명자 등록)
   (출원번호 제10-2015-0171694호, 특허번호 제10-1838028호)

2) 특허명: 모바일 장치와 태그를 이용한 응급환자 관리시스템 및 방법
   (출원인: 국립중앙의료원, 발명자 참여, 출원번호 제10-2018-0028034호)

네디스NEDIS는 응급의료 분야 빅데이터의 시초였다. 시대를 앞서 실현한 통합정보망 구축이었다. 우리나라에서도 처음이지만 세계 어

디에도 이러한 시스템은 없다. 다른 나라에 유사한 시스템은 있지만, 우리처럼 모든 응급의료기관에 대한 전수 조사는 없다. 미국은 주 단위, 일본은 현 단위로 있지만, 국가 전체를 파악할 수 있는 나라는 대한민국밖에 없다. 우리나라가 유일했다.

응급의료기관 평가

응급실은 국민이 사고나 질병으로 건강상에 위협을 받을 때 365일 24시간 어디서나 이용할 수 있는 가장 기본적인 공간이다. 응급실은 환자가 병원으로 들어오는 중요한 통로이기 때문에 응급의료기관에 대한 평가는 중요하다. 응급의료기관에 대한 평가와 질 관리는 국민의 기본적인 건강권을 보장하는데 필수적인 부분이다. 한덕은 응급실에 대한 평가와 질 관리체계가 부족하다는 것을 알고 평가지표를 직접 고안했다.

2002년 처음으로 평가를 시작해 2003년 권역응급의료센터를 대상으로 정기평가를 했다. 국민의 관점에서 응급실을 항상 안전하고 신속하게 이용할 수 있도록, 응급의료기관 평가를 통해서 질 관리를 할 계획이었다.

정부는 의료수가 통제와 국가지원금의 지원을 통해 병원에 '당근과 채찍'을 주었다.

첫째, 의료수가 지원 방식이다. 의료수가는 환자가 의료기관에 내는 본인부담금과 건강보험공단에서 의료기관에 지급하는 급여비의 합계를 말한다. 의사가 환자와 건강보험공단으로부터 받는 돈을 의미한다. 지원금액을 통해 보상하는 방식이다. 평가를 통해 병원에 의료수가를 차등 지원했다.

둘째, 국가가 지원금을 직접 줘서 운영하는 방식으로 병원을 설득했다. 정부는 권역응급의료센터, 지역응급의료센터, 지역응급의료기관에 1년에 1억~2억 원 정도 지원했다. 평가결과에 따라 금액 지원이 달랐다. 병원들을 움직이게 하는 계기를 줬다.

그러나 병원들은 응급의료기관 평가에 반대했다. 응급의료기관 평가를 총괄하는 한덕을 향해 심지어는 '촌놈'이라고 비아냥거렸다. 전국 단위의 사업을 하면서 지방대 출신이 총괄한다는 일종의 은근한 무시였다.

그래도 정부가 병원에 지원을 해주는 만큼 정부가 실시하는 병원 평가는 당연히 받아야 한다. 평가받기 싫으니까 한덕에게 불만이 이어졌다.

이에 아랑곳할 한덕이 아니었다. 전국으로 돌아다니며 응급의료기관을 평가했다. 초기에는 인력, 장비 등 '하드웨어'를 중심으로 봤다. 국가에서 원하는 최소 만족 기준만 평가했다. 제세동기 등 장비와 응급의학과 전문의가 몇 명인가? 장비와 인력을 주로 살펴봤다.

평가결과를 언론에도 발표했다. 병원은 외부에 알려지는 것을 신경 쓸 수밖에 없었다. 일부 병원은 처음에 응급실에 아예 투자하지 않았지만 어쩔 수 없이 투자로 방향을 선회한다. 응급실 평가결과가 대외적으로 다 알려지고 좋지 않으면 병원 이미지에 먹칠하기 때문에 평가에 더 신경 썼다.

효과는 조금씩 나타났다. 병원은 인력을 충원하고, 늘리면서 응급의료의 질이 서서히 향상되었다. 평가에 불만이 있었지만, 그 결과에 따라 패널티 또는 인센티브를 받았기 때문에 신경을 쓰지 않을 수 없었다. 환자들도 덩달아 응급의료의 질 향상 등 혜택을 받게 됐다.

한덕은 해마다 응급의료기관 평가 기준을 강화했다. 하드웨어적 평가에 이어 2006년부터 질 평가를 도입했다. 외형보다 더 중요한 것은 환자들을 위한 구조적 질 평가였다. 중환자들이 언제 이동했나, 응급실에 몇 시간 머물다 갔나, 다 평가에 반영했다.

응급실로 실려 온 환자는 응급의학과만의 환자가 아니었다. 한 부분만 다친 것이 아니라 다발성으로 다치는 경우가 많았다. 전체 병원의 환자들과 관계가 있어 관련 과들의 참여 여부를 전부 평가에 반영했다.

보통 사람은 한자리에 5년 있으면 이전의 평가지표를 대부분 그대로 사용한다. 매번 바꾸는 것이 귀찮고 또 새롭게 일을 벌이는 것도 싫어하기 때문이다. 그러나 한덕은 해마다 평가지표를 업그레이드했다. 시범사업으로 1, 2년 하고 그것을 다시 평가에 반영했다.

응급의료기관 평가제도 도입 이후 윤한덕에 대한 평가는 크게 두 갈래로 나뉘었다. 그를 욕하는 부류, 그렇지 않고 일을 공정하게 처리한다고 생각하는 부류다. 기존 기득권 세력은 강화된 평가 기준에 불만을 품었고, 새롭게 진입하려는 응급의료기관은 병원 응급실의 질이 높아졌다며 옹호했다. 평가 총괄은 윤한덕이었다.

민용일은 제자 한덕에게 가끔 당부한다.

"욕 얻어먹지 말고 시간을 갖고 해라. 한꺼번에 많은 일을 하려니까 일선 병원의 반발도 심하다."

"이렇게 안 하면 응급의료체계 구축은 요원합니다. 응급의료종사자들에게 벌을 주려고 하는 것이 아닙니다. 병원경영 책임자들은 응급의료에 관심이 없습니다. 이렇게 해야 응급의료시스템에 경영자들도 관심이 생겨납니다. 평가를 강하게 하지 않으면 따라 하는 대학병원은 하나도 없습니다. 기능적으로 발전해야 합니다."

소신이 강한 한덕에게 평가와 관련한 청탁은 아예 먹히지도 않았다. 일부 병원장은 우회적으로 민용일에게 부탁했다.

"스승인 선생님이 말을 해야지, 윤한덕 선생이 우리 말은 전혀 듣지 않습니다."

"그런데, 한덕이 고집이 워낙 세서요…….”

마음속에 묻어두고 있다가 한덕과 통화할 때 민용일은 가끔 이야기했다.

"네가 너무 원칙대로 한다고 다른 선생님들이 난리다.”

"응급의료체계를 이렇게 밀고 나가도 잘 안 되는데, 병원 경영자로서는 자신들의 이익추구나 하고 있고……. 응급의학 교수들이 미워서 한 것이 아닙니다. 과장님!”

한덕이 사심이 없다는 것은 민용일도 잘 알고 있었다.

전남대병원도 응급의료평가를 하면 B등급 평가를 자주 받았지만 이를 감수했다.

충남대 의대 교수 유인술은 윤한덕의 응급의학과 선배다. 비록 학교는 달랐지만, 한덕은 그에게 많이 의지했다. 유인술은 가끔 평가에 대한 일선 현장의 어려움을 한덕에게 말했다.

"한덕아! 응급의료기관 평가 필요하지만, 현장에서는 어려운 일이 많이 있다. 실제 평가 기준 맞추기 위해 응급실 근무하는 사람들은 스트레스 많이 받는다. 평가 잘 받으면 윗사람이 그 공을 인정받고 잘못 받으면 현장 응급의학과 책임으로 떨어진다. 현장 사람은 억울하다고 생각해. 너무 힘들게 하는 것 아니여?”

"형님! 병원이 평가를 잘 받기 위해 우리에게 자료를 자꾸 숨기고 속입니다. 그런데 같은 동네 병원은 뻔히 자료 속인다는 것 다 압니다. 의사끼리는 서로 속인다는 것을 이야기하죠. 속이는 것을 못 잡으면 우리가 욕을 먹습니다. 이것을 잡아내고 속이지 못하게 또 다른 기준을 만들어 갈 수밖에 없는 상황이 되는 것 같습니다."

"그래 네 말이 옳다. 의료기관이 자승자박한 것이다."

한덕은 응급의료기관이 답답했다. 병원이 속이면 의사들이 스스로 막아야 하는데 그렇지 못했다. 특히 사립병원, 주인이 있는 중소종합병원은 안 해야 하는데 병원 경영진과 부화뇌동해서 같이 한다고 생각했다. 그런 이야기를 주위 사람들에게 많이 이야기했다.

평가 좋게 받으면 말이 없고 안 좋으면 한덕을 욕하고 투덜댔다. 한덕은 그것 때문에 힘들었다.

공정한
원칙주의자

고교 3학년 때 같은 반 단짝이었던 김철수는 한덕과 의과대학도 동기였다. 친할 수밖에 없었다.

한덕이 중앙응급의료센터에 들어갔던 해인 2002년, 김철수는 전남 목포에서 한덕을 만났다. 전국 응급실 실태조사 때였다. 김철수는 목포중앙병원 신경외과 과장 겸 응급실장이었고, 한덕은 중앙응급의료센터 응급의료기획팀장이었다.

김철수는 오랜만에 친구를 만나 반가웠고 같이 식사를 할 생각이었다. 하지만 한덕은 밥도 먹으려 하지 않았다. 친한 친구가 왔으면 조사도 조사지만 밥이나 먹고 갔어야 했는데 너무 엄격했다.

김철수는 머리로는 이해하지만, 마음으로는 서운했다. 그 뒤로 의도적으로 연락하지 않았다. 한덕과 만날 기회가 있었는데 일부러 피했다. 그러나 한덕의 사망 소식을 듣고 허망했다. 이런 일 있을 줄 알았다면 만날 기회가 있었을 때 만날 걸……, 하며 후회했다. 그때 받은 명함이 빛이 바랜 채 김철수의 수첩에 꽂혀 있었다.

김철수는 페이스북에 친구의 빛바랜 명함과 함께 추모의 글을 남겼다.

주인 잃은 명함을 보면서…….

17년 전 2002년도에 내가 목포중앙병원 응급실장으로 재직 시 한덕이가 막 중앙의료원 팀장이 되어 중앙병원 실사 나와서 나에게 준 명함인데 책상 정리 중 발견한 겁니다.
그때 매우 깐깐한 공무원으로서 나를 대했고……. 공사가 너무 확실해서 살짝 서운하기도 했던 기억이 납니다.
한덕아!
너의 삶과 뜻을 이해하지 못해 많이 미안하다.
친구로서 영원히 잊지 않을게…….
그리고 꼭 천국에 가기를 기도하마.

2003년 어느 날, 한덕은 부산대 의대에 강의가 있어서 차를 몰고 갔다. 사무실에서 나서면 부산까지 보통 4시간 30분 정도 걸렸다. 당시에는 KTX가 없었을 때라 한덕은 자신의 레간자 차량으로 운전했다.

부산에 거의 다다를 때 앞차가 운전석 문으로 담배꽁초를 버려 자동차 창문에 맞고 튀었다. 그런데 담배꽁초를 버린 운전자는 아무런 잘못 의식도 없었고 그대로 뻔뻔하게 진행했다. 차량은 고급외제차였다. 차량 운전자가 잘못을 인정하고 수신호라도 보냈으면 봐줄 요량이었다.

그러나 아무런 미안함을 표시하는 행동도 없었다. 기분이 나빠 그 차량을 뒤쫓았다. 그 차는 더 속력을 내고 달아났다. 계기판이 시속 150킬로미터가 족히 넘을 정도로 맹추격했다.

차량 운전자를 쫓다 보니 부산대 방향으로 가야 할 길을 마주쳤다. 순간 고민했다. 계속 따라가 잡을까 아니면 강의를 하러 갈까? 하지만 강의보다 더 중요한 것은 사과를 받는 것이었다. 잘못했으면 사과를 해야 하는데 한마디 사과 없이 얌체처럼 몰고 가는 차량 운전자가 미웠다. 계속 따라가 차량을 결국 붙잡았고 항의하려고 했다.

그러자 차량 운전자가 내렸다. 중년의 여인이었다. 이 여인은 "죄송합니다. 죄송합니다."를 연발하며 고개를 숙이고 조아렸다. 한덕은 순간, '내가 왜 여기까지 쫓아왔지?' 어이가 없었다. 괜히 따라왔나 후회했다.

여인으로부터 죄송하다는 말을 들었을 때는 오후 5시였고 한덕의 강의시간은 오후 4시였다. 한덕은 비록 그날 강의는 하지 못했다. 하지만 그 사람의 행동이 잘못됐다는 것을 알려주고 싶었다. 잘못한 행동을 했으면 그에 따른 반성을 하라는 의미였다.

처음에 계획했던 대로 정책이 집행되는 것은 어렵다. 앞으로 나아가기도 하고 후퇴하기도 한다. 조직체계 안에서 보면 위아래 사람과 이해당사자를 설득하지 못하면 할 수 없다. 다양한 이해 당사자가 있다 보니 소신과 원칙이 흔들리는 경우가 자주 있다.

그러나 한덕은 흔들리지 않고 원칙을 고수해왔다. 옳다고 생각하면 소신을 굽히지 않았다. 현실과 타협하라는 제안을 거부하고 일생을 선명하게 살아왔다. 한덕은 원칙주의자였다. 원칙에 어긋나면 어떠한 타협도 하지 않았다. 이 때문에 원칙을 너무 고수한 융통성 없는 사람이라고 낙인찍혔다. 그 원칙 사이에서 하루에도 몇 번이나 흔들릴 때도 있었다.

허탁은 너무 앞서 나가면 주위의 시샘과 질투가 따르기 때문에 현실보다 한 발짝 정도만 앞서가라고 한덕에게 말했다.

한덕은 정부 입장을 대부분 따랐다. 그러나 진짜 중요한 부분이 본인의 뜻과 다르게 진행되면 반기를 들었다. 복지부가 환자가 아니라 병원의 눈치만 보고 정책을 결정했을 때는 국회 등을 찾아가 은근히 자신의 소신을 밝혔다.

정부의 결정이 원칙과 다르면 원칙대로 추진했다. 복지부가 추진하는 정책이 잘못됐다고 판단되면 정책 추진 방향과 역행하는 일도 복지부 몰래 벌였다. 나중에 이를 안 복지부 과장과 갈등 관계에 빠진 적도 있다. 이 일로 인해 복지부는 윤한덕을 업무에서 배제하려고 시도한 적도 있었다. 너무 한쪽으로 파고드는 고집불통의 사람으로 간주한 것이다.

정부가 결정하면 정부산하기관은 그대로 따르는 것이 순리다. 그래야만 정책이 원활하게 집행될 수 있다. 정부 부처와 정부산하기관이 엇박자를 내면 정책 추진도 더딜 수밖에 없다. 국민에게 신뢰를 주지 못한다. 하지만 원칙 앞에서는 어쩔 수 없었다.

한덕은 사적으로, 자신의 이익을 위해 결코 행동하지 않았고, 오로지 환자를 위한 것만 생각하고 행동으로 옮겼다. 그러다 보니 항상 외로운 싸움을 했다. 자신의 의지를 관철하기 위해 많은 사람과 부딪혔다. 고립무원일 때도 있었다.

그렇지만 응급의료의 발전을 위해 어떻게든지 소신을 관철하고 싶었다. 소신이 섰을 때 사람들과 접하다 보면 몰아붙일 때도 있다. 이 때문에 '시니컬cynical'하다는 이야기도 들었다. 냉소적이라는 말이다.

보통 사람들이면 그냥 넘어갈 일도, 지나치지 않고 비판적으로 이야기했다. 잘못된 것은 위아래 사람 가리지 않고 바로 지적한다. 옳다고 생각하면 좌우 둘러보지 않고 그대로 밀고 나갔다. 가정에서는 한없이 부드러웠지만, 업무적으로 뜻을 관철하기 위해서는 소신을 굽히지 않아 이 같은 말을 들었다. 외부 민원인들을 대하는 것과 직원, 가족을 대하는 것은 사뭇 달랐다.

경계심 때문에 그랬을까? 그 차이는 상대방이 사심이 있는 사람이냐, 아니냐에 따라 다르게 반응했다. 업무적인 이익을 위해 접근하려는 사람에 대해서는 단호하다. 말투 자체는 숨길 수 없었다.

한덕은 아내 영주에게 보낸 연애편지에서 '스스로 말을 가려서 생각해 보고, 맞는 말을 골라서 하는 재주와 하고 싶은 말을 듣기 좋게 하는 재주가 없다.'라고 했다. 정곡을 찔러 이야기하는 일이 많았다. 남들은 돌려서 이야기하는데, 한덕은 가리지 않고 툭툭 던져 그런 이야기를 들었다.

외부로 보이는 그의 원칙은 변하지 않았다. 직원들이 응급의료기관 평가를 위해 출장을 가면 음료수, 다과 등도 웬만하면 먹지 말고 평가만 하라고 당부했다. 심지어는 정수기 물도 얻어먹는 것을 원치 않았다. 병원은 물까지 못 먹게 하는 건 너무한다고 생각했지만, 한덕은 평가하는 자리가 잡음이 생길 수밖에 없어 항상 원칙을 고수하라고 한 것이다.

한덕은 직원들이 대학에 강의를 나가거나 CPR 교육을 하는 게 문제가 되지는 않지만 좋아하지는 않았다. 직원이 병원이나 학교로부터 강사비를 받는 순간, 다른 업무를 할 때 편파적으로 할 수 있다고 생각했다. 규정상 해도 상관없지만, 강사를 하거나 다른 병원 보조강사를 하는 것을 싫어한 이유는 강의 때문에 공정한 평가가 안 될 것을 우려했기 때문이다.

"네가 응급의료 컨트롤 타워가 되어야 하는데 다른 병원에서 강의

하면 냉정해지기 어렵다."

직접 하지 말라고 한 것이 아니라 간접적으로 설득했다.

한덕은 평가 쪽에 욕심이 많았다. 국내에 응급의료기관에 대한 평가 매뉴얼이 없어 외국의 책을 참고해 만들었다. 평가항목 하나하나가 '돈 그 자체'였다. 평가지표를 어떻게 설계하느냐에 따라 지원금액 몇억이 왔다 갔다 할 수 있었다.

다양한 평가 틀을 들고 복지부 과장 손영래와 이야기했다. 그러면 손영래는 평가 틀이 너무 많아 이 중 일부를 뺐다.

"이것까지 다 평가하면 현장 난리 나지 않겠습니까?"

복지부 공무원이 엄격하게 평가하자고 해야 하는데 역할이 뒤바뀌었다. 손영래가 오히려 한덕을 설득했다.

한덕은 평가를 처음 할 때 응급의학회와도 거리를 두려고 했다. 학회 임원이나 학회 현장 의사들은 한덕이 응급의학과 전문의이기 때문에 우호적일 것으로 기대하고 있었다. 그러나 한덕은 응급의료 발전을 위해 들어왔지 단순히 학회의 의견을 복지부에 전달하거나 로비할 필요가 없었다. 오히려 학회의 의견을 받아들이지 않은 경우가 많았다. 학회에서 말하면 자신들의 이해관계를 요구한 것으로 간주하고 받아들이지 않았다.

한덕은 자신의 출신학교에도 냉정했다. 원칙에 어긋나면 눈감아

주는 일이 없었다. 일부에서는 너무한다는 불평이 나왔다. 한덕은 '친정'인 전남대병원을 속속 알기 때문에 불이익을 줄 수밖에 없었다.

대표적인 사례가 2018년 응급의료기관 평가 때다. 전남대병원은 방대한 자료를 만들다 보니 일부 자료를 잘못 보냈고 병원에서는 직원의 실수라며 재검토를 요구했다. 이와 동시에 한덕을 설득하는 작업을 벌였다. 병원으로서는 20억 원의 진료비가 달린 문제였다. 기존의 결과가 그대로 인용되면 20억 원의 진료비를 받지 못한다. 병원에서는 큰돈이었다.

민용일은 한덕에게 전화했다.

"한덕아, 이번 평가 자료 일부가 누락이 돼 억울한 부분이 있다고 안 하냐? 네가 검토 한 번 더 해봐라."

"일단 신뢰성 문제는 실무자들이 검토할 것입니다."

한덕은 억울한 부분이 있으면 다시 검토하겠지만 그렇지 않으면 어쩔 수 없다고 대답했다. 다른 사람들이 보고 있는데 임의로 결정할 수 없었다. 전남대병원을 봐주면 전국 모든 병원의 평가를 다시 해야 하는 상황이 벌어진다. 평가위원회를 열어 논의는 해보겠다고만 말했다. 논의했지만 전남대병원의 주장을 받아들이지 않았다. 오히려 모교를 더 엄격한 잣대로 들이댔다.

민용일은 한덕의 성품을 잘 알고 있었다. 이 결정에 대해 서운하지는 않았다.

전남대병원은 20억 원이 넘는 돈을 결국 받지 못했다.

2016년도에도 전남대병원 권역외상센터 기능을 6개월 동안 취소한 적이 있었다. 환자를 제대로 치료하지 않고 다른 병원으로 환자를 떠넘긴 '민건이 사건' 때문이었다. 전원 환자를 받지 않아 병원을 전전하다 숨진 사내아이와 관련된 사건이었다. 전남대병원 권역외상센터는 전원을 요청하는 전화 한 통만 받았을 뿐이었다.

전남대병원은 크게 잘못한 것 같지는 않아 과다한 처벌이라는 이야기도 있었다. 복지부나 일반 시민, 언론이 그런 분위기였다. 그러나 한덕은 전남대병원이 환자를 무조건 받아 치료했어야 했는데 최선을 다하지 않았다고 판단했다.

모교에는 엄격했지만 애착이 없는 것은 아니었다. 더 잘되기를 바랐고 더 경쟁력을 갖추어야 한다는 의견을 주위 사람들에게 자주 말했다. 호남에서 전남대병원의 역할이 중요하다고 생각하고 있었다. 환자들은 전남대병원을 유독 많이 찾고 있어 이들에 대해 더 많은 신경을 써야 하고, 지역의 맹주 병원으로 노력하지 않는 것을 항상 경계했다.

응급의료기관 평가 이후 해마다 병원의 불만이 곳곳에서 터져 나왔다. 일부 병원은 복지부에 압력을 넣어 평가결과에 문제를 제기했다. 2018년 평가에서도 빅5 병원 중 한 곳은 평가를 잘못했다고 문제

삼았다. 중앙응급의료센터로 직접 한 것이 아니라 보건복지부 고위 관료에게 전화로 항의했다. 그 병원은 결과가 나온 뒤 불만족스러워했다. 네디스NEDIS 자료를 입력하다가 직원 실수로 빠뜨린 부분이 있었는데 센터에서 인정하지 않았다는 것이 불만이었다.

한덕은 행정처리 잘못이 아니고 데이터가 올 때부터 잘못 왔다고 해명했다. 사전에 충분히 고지를 했기 때문에 별문제가 없다고 하면서 받아들이지 않았다.

누구의 눈치도 안 봤다. 친불친親不親을 따지지 않았다. 인간관계를 생각한다면 적당히 하거나 할 말이 있어도 넘어가는데 소신을 굽히지 않았다. 일부 대학교수들은 곧이곧대로 하는 이런 윤한덕을 싫어했다. 한덕은 본인이 옳다고 생각하면 밀어붙였다.

한덕은 의대를 졸업하고 동문회가 열려도 한 번도 가지 않았다. 평가에 지장을 주기 때문이다.

"내가 가면 평가를 좋게 해달라고 말할 것인데 그것을 할 수 없었다. 모임도 한 번도 안 나갔다."

서울에서 열리는 대학 입학 및 졸업 동기 모임도 나가지 않았다.

직원 채용 청탁이 오면, 능력이 있어도 뽑지 않는 스타일이다. 말만 해도 청탁으로 간주했다. 직원을 뽑는데 누가 봐도 뽑힐 사람이었지만 부탁이 들어오면 이를 청탁으로 보고 채용하지 않았다. 그리고 당사자에게 직접 이야기했다.

"너를 뽑을 수 없다. 아니, 아예 못 뽑는 것이다."

단호했다.

호불호好不好가 아니라 능력치를 보고 뽑았다. 이를 '전투력'이라고 스스로 표현한다. 이 사람이 일할 수 있는 것이 이 정도이니까 일할 가능성이 있는 것을 보고 채용했다. 자신의 취향과는 관계없었다. 줄을 타고 오거나 정치력을 발휘하면 아예 채용하지 않았다.

일할 수 있는 수준 만큼 일도 분배했다. 일을 제대로 할 수 있도록 분위기를 만들어줬다. 일을 해내면 조금 더 할 수 있게 동기를 부여해줘 직원들의 능력치가 계속 올랐다.

가족에게도 지킨
원칙

공정한 원칙은 가족에게도 그대로 적용했다. 동생 아내가 근무하는 병원이 2018년 지역응급의료센터 지정에서 떨어졌다. 봐줄 수도 있었지만, 평가는 공정해야 한다고 생각했다. 명절 연휴에 가족이 함께 모여도 응급의료기관 평가와 관련해서는 단 한 마디도 나오지 않았다. 가족들도 한덕의 성격을 너무 잘 알고 있어 부탁할 생각을 아예 하지 않았다.

원칙은 아내에게도 똑같이 적용했다. 어느 명절 때, 광주 본가에 갔을 때이다. 아내 영주가 복통을 호소하며 밤새 심하게 아팠던 적이 있었다. 그때 아내를 업고 전남대병원 응급실로 달렸다. 하지만 이곳에 환자가 많아 응급실에 접수하지도 않고 바로 동네 병원으로 다시 업고 뛰었다. 자신까지 더 병원을 혼잡스럽게 하고 싶지 않았기 때문이다.

전남대병원 응급실에 들어갔으면, 동료는 물론 선·후배들이 있어 훨씬 진료가 수월했을 것이다. 그는 이 병원 응급의학과에서 레지던트를 하지 않았나. 당연히 전화 한 통이면 후배들이 편하게 진료를 해줄 터였다. 그러나 들어가지 않았다. 아내는 결국 시댁 앞에 있는 병원에 가서 치료를 받고 탈 없이 집으로 돌아왔다.

장인어른에게도 원칙을 적용했다. 군 복무가 거의 끝나갈 무렵인 2001년 1월이었다. 한덕의 장모인 신동남은 외출 후 저녁에 집에 돌아와 보니 남편 민덕기가 거실에서 자는 것처럼 보였다. 한참이 지난 후 식사하기 위해 민덕기를 깨웠지만, 반응이 없었다. 문제가 생긴 것 같았다. 신동남은 급하게 대전에서 군의관으로 복무 중이었던 사위에게 전화로 연락했다.

"윤 서방! 아버지를 깨워도 일어나지 않네, 어떻게 하지……."

"어머님, 아버님을 흔들어보세요."

신동남은 남편을 흔들었지만 아무런 반응이 없었다.

"움직이지 않는데 어떡하나……."

"어머님, 그러면 119 구급대를 빨리 부르세요."

119 구급대를 통해 한덕의 동기가 있는 한국병원으로 옮겼다.

검사결과 뇌혈관이 터진 것으로 나타났다. 방치상태가 오래돼 2차 병원인 한국병원에서는 치료가 어려워 신속히 전남대병원으로 옮겼다. 긴급 뇌수술을 했지만, 회복이 어려운 상태에 빠졌다. 민덕기는 중환자실에 입원한 지 한 달 만에 사랑하는 가족과 영원히 헤어졌다. 당시 간경변증과 당뇨도 앓고 있었다.

한덕은 장인어른이 돌아가시고 난 뒤 내내 후회했다. 간경변증으로 치료를 받고 있던 장인어른을 간이식 대기자 명단에 올리지 못한 것을…….

"아버님이 간이식을 받을 수 있게 했었어야 하는데…… 미안해…….'

아내 영주에게 자주 말했다.

"당신이 잘 못 한 것인가……? 뇌출혈인데……."

주위 사람에게 한덕은 이렇게 이야기했다.

"내가 장인어른을 전남대병원의 간이식 대기자 명단에 올렸어야 했는데, 그렇게 하지 못한 것을 지금은 후회한다. 그때 간이식 대기자 명단에 올리고 이식을 받았다면 더 오래 사셨을 수도 있었지…… 장인어른이 간이식 수술을 받고 난 뒤 또 술을 드신다면, 술을 먹지 않았지만 그래도 간이 나빠진 대기자들은 얼마나 억울하겠어…… 자신이 백이 없어서 뒤로 밀려난 것을 알게 된다면……. 그래서 아예 대기자 명단에도 올리지 않았지."

한덕은 그때의 판단을 아쉬워했다. 자신 때문에 장인이 빨리 돌아가셨을 것으로 생각했다. 그러나 가족의 이익을 위해 선량한 다른 사람들이 피해를 보는 것을 원하지 않았다. 누구든 공평한 대우를 받아야 한다는 것을 원칙으로 삼았다. 가족이든, 지인이든, 원칙을 지켜야 한다고 생각했다. 남에게는 엄격하면서 가족에게 이 원칙을 지키지 않는 것은 이율배반적인 행동이라고 여기고, 원칙대로 행동한 것이다.

하지만 나중에는 후회했다. 가족, 특히 장인어른에게까지 이 원칙을 지켜야 했나? 아내에게 미안한 마음이 들었다. 간이식 대기자로 올리지 못한 것을 두고두고 안타까워했다.

제7장

응급의료 시설·장비의 확충

권역
외상센터

1960년대 미국에 자동차가 많이 보급되면서 사고가 급격히 증가했다. 미국 정부는 대통령위원회를 만들어 교통사고를 줄이고 피해자를 신속하게 치료할 필요성을 느꼈다. 국민 사이에서도 이 같은 공감대가 형성됐다. 현장의 즉각 조치와 응급실이 많이 필요한 상황이었다. 미국에서 응급의료는 외상에서 시작했다. 외상센터는 응급의료 시설의 일부였지만 외상의 초기 대응에 따라 환자의 예후가 달라질 수 있었다.

20년 뒤 1980년대 후반 대한민국도 자동차가 많이 보급됐다. 각종 대형사고가 잇따라 터지면서 응급의료에 관심이 높아졌다. 1990년대 초 응급 관련 법률도 만들어졌다. 외상환자 해결이 국가 단위로 진행됐다.

외상은 질환과 달리 갑자기 발생하는 것으로 '일할 수 있는 인력'의

막대한 손실을 유발한다. 젊은 사람이 외상으로 사망했을 때 사회적 비용 손실이 크다. 암이나 심장질환 등 중증질환은 나이가 들면서 서서히 늘어나지만, 외상은 아무 때나 누구에게나 일어날 수 있는 일이다. 외상의 피해자는 상당수가 사회적 약자로 노동자에게 주로 일어났다. 국가가 사회적 약자를 도울 필요가 있었다.

외상과 더불어 응급의 또 한 축은 심정지였다. 심정지 환자가 발생하면 그야말로 응급으로 대처하지 않으면 곧바로 사망한다. 뇌 질환도 골든타임 내 제대로 치료하지 못하면 평생 불편한 몸으로 살 수밖에 없다.

외상, 심혈관, 뇌 질환이 3대 중증질환이었다. 이 질환 치료를 위해 정부는 외상, 심혈관, 뇌혈관 특성화 사업을 하기로 하고 개별 특성화(후보)센터에 운영비를 지원한다. 그러나 특성화 사업 중심 병원 중 일부에서 문제가 드러났다. 착복도 있고 사업 성적도 안 좋았다. 외상 특성화 사업을 벌였지만, 예방 가능 사망률이 높았다.

2011년 감사원 응급의료실태감사 결과 일부 기관에서 지원금의 용도 외 사용과 부당집행이 발견되어 외상 특성화 사업은 결국 없어졌다. 실패한 사업이었다. 그러나 일부에서는 사업 폐지를 아쉬워했다.

한덕은 외상 치료 전문시설을 만들어 중증 외상 환자 치료는 물론 재난 같은 대규모 부상자가 발생했을 때 신속하게 대처할 생각이었다. 최종 정책의 결정권자는 정부, 즉 보건복지부였지만 그 정책을 결정하기 위해 논리적 근거가 필요했다. 한덕은 근거를 만드는 실무 작업을 주도한다. 그의 아이디어와 추진력 등이 겸비되지 않고서는 그 어떤 응급 관련된 일도 진행되지 않았다.

한덕은 2010년 8월 '외상의료체계 현황 및 발전 방안'이라는 보고서를 만들었다. 외상의료체계를 구축해 외상으로 인한 사망과 경제적 손실을 줄이고 대규모 재난에 효과적으로 대비한다는 내용이다. 암, 뇌·심혈관 질환과 달리 별도관리 체계가 없는 외상을 국가가 관리해야 한다는 외상의료체계 구축의 필요성을 제시했다.

보고서에는 교통 과태료가 응급의료기금의 주 재원이기 때문에 이를 활용해야 한다고 적혀 있다. 외상의료체계 구축으로 대규모 부상자 대처도 가능할 것으로 봤다. 중앙재난외상센터를 만들어 권역 및 지역 외상 진료기관을 관리·평가하고 전국적 응급의료네트워크를 구성할 계획도 있었다. 정부가 운용하고 있는 헬기를 프로그램으로 통합해 중증 응급환자 후송에 활용한다는 복안도 있었다. 항공이송 전문 인력과 장비를 지원하고 실시간 정보망을 구축해 24시간 상황실 운영을 할 수 있는 항공이송센터를 만들자고 복지부에 제안했다. 닥터헬기의 밑그림을 그리고 있었다.

예방 가능한 사망률을 낮추고 국민이 안심할 수 있는 사회 안전망을 확충할 계획이었다. 재난·외상 진료체계 구축은 국민에게 생명의 위협에도 안전할 수 있다는 믿음을 심어줄 수 있다고 생각했다. 중증

외상 환자만을 진료하는 권역외상센터의 필요성을 느꼈다.

이 일을 추진하기 위해서는 근거가 필요했다. 다른 어떤 일도 마찬가지로 근거가 중요하다. 왜 이런 일을 하게 되었는지 타당한 이유를 내세워야 일이 원활하게 진행될 수 있는 것이다. 국책사업에서는 사업의 필요성에 대한 근거가 더욱 있어야 한다.

한덕은 근거를 만들기 위해 2010년 '한국형 권역외상센터 설립 타당성 및 운영모델 연구' 용역을 실시했다. 서울대 의대 김윤 교수가 책임연구원, 전남대 의대 허탁 교수가 연구원으로 참여해 연구가 진행됐다. 2011~2015년에 총사업비 6,161억 원으로 전국 6개 대권역에 외상센터를 만들어 외상환자를 치료해야 한다는 연구결과가 나왔다. 이 보고서를 바탕으로 권역외상센터 추진을 강하게 밀어붙였다.

권역외상센터 설치·운영사업은 그동안 응급의료기금으로 병원을 지원했던 사업 중 개별 병원에 대한 지원 규모가 가장 큰 사업이었다.

외상의료체계 구축을 위한 두 번째의 사업으로서 첫 사업인 응급의료기관 특성화 사업에서 큰 효과를 보지 못했기 때문에 외상의 성패는 중요했다. 권역외상센터가 핵심적인 역할을 해 다른 응급의료기관과 차별화된 전문성으로 인정받기를 바랐다.

정부 사업이 성공하기 위해서는 우선 예산이 있어야 한다. 예산이 없으면 아무리 구상이 좋은 사업일지라도 추진이 어렵다. 사업 예산을 받기 위해서는 기획재정부의 승인이 필요하다. 기재부가 예산을 다루는 곳이기 때문이다. 어떤 정부 사업이든지 예산은 기재부, 사업 추진을 위한 인력 배정은 행정자치부의 승인이 있어야 한다. 그래서 이 두 기관이 정부 부처 내에서는 '갑'의 지위에 있다.

하지만 권역외상센터 사업계획은 기재부가 실시한 예비타당성 조사를 통과하지 못했다. 타당성이 없다고 봤다. 정치적인 논리도 작용했다. 권역외상센터 6개만 추진하면 선정된 지역은 괜찮지만 그렇지 않은 지역의 국회의원은 무능하다는 말을 듣게 된다. 사업이 제대로 추진되지 못하고 무산된 이유 중 하나로 작용했다.

2010년 추진한 권역외상센터 설치사업은 난관에 봉착하고 만다.

한참 지났지만, 그때 권역외상센터 설치사업의 예비타당성 조사를 통과하지 못한 소회를 9년이 지난 2019년 1월 29일, 윤한덕은 자신의 페이스북에 언급했다.

이승의 마지막 페이스북 글이었다.

이 일 오래 하다 보니 예비타당성 조사(예타)만큼 까다롭고 부당하다고 느낀 게 많지 않다. 심지어 가끔은 예타가 기재부가 예산을 통제하는 암묵적 수단이라 여겨질 때도 많았다. 중앙, 지방 정부 할 것 없이 일할 때 예타를 피할 방법을 찾는다. 예로써 예타를 잘 받았다면 우리나라 권역외상센터는 법률에 명시되지도 않고 지금 여섯 개(실제 17개 선정)일 것이다. 시간도 엄청 걸린다.

그래도 나는 예타가 무분별한 국가재정 투입을 막는 데 효과가 있다고 생각한다. 지역균형 발전사업에 예타를 면제한다는 뜻은 예타가 지역균형발전을 저해한다는 판단을 드러낸 것이리라. 그렇다면 B/C(편익비용 비율)와 AHP(분석적계층화법)로 판단하는 예타의 지표를 좀 개선해 지역균형발전 기여율을 더 많이 반영하는 게 어떨까? 현 예타 지표로는 향후 어떤 지역균형발전사업도 통과하기 어렵다는 점을 감안해서 말이다. 시간이 부족한 게 아니라면……. 참고로 나는 좌파 우파 놀이 질색이니 색깔 있는 댓글은 자제해 주실 것.

이국종과
만남

윤한덕을 비롯한 일부를 제외하고는 중증외상에 별 관심이 없었다. 병원은 외상센터로는 수익을 내기가 어려웠고 비용이 너무 많이 들어 선호하지 않았다. 외래환자를 진료하는 것이 훨씬 이득이었다.

병원이 경영상 손해를 감수하지 않으려는 것은 자본주의 논리상 당연하다. 그렇다고 정부가 모른 척 있을 수는 없었다. 정부는 의료자원이 많이 필요하고 막대한 유지비용이 들어도 공공자금으로 외상센터를 지원해 중증 외상 환자를 치료하지 않으면 안 됐다. 그것은 국가의 국민에 대한 책무였다. 가지지 못한 사람이 주로 다치는 중증 외상 환자에 대한 응급처치는 공공의료의 시급한 과제였다.

중증 외상 환자 치료는 다양한 인력자원 투입 등으로 병원경영에 부담을 주었고 의료인에게도 위험 부담과 근무 강도가 높아 대표적인 기피 분야로 국가의 적극적인 투자가 필요했다.

의사들도 중증외상 만을 보는 전문의가 되고 싶다는 사람은 없었다. 중증외상의 발생 빈도와 발생 수는 24시간 불규칙해 예측이 어려웠다.

중증 외상 환자도 그리 많지 않았다. 수술이 많지 않으면 외상 전문의들이 언제 직장을 잃을지 모르는 불안감 때문에 섣불리 지원하기도 쉽지 않았다. 중증 외상 환자가 암, 뇌·심혈관 질환 등에 비해 많지 않아 전국적인 수련·교육체계를 갖추기도 어려웠다. 이러한 악순환은 레지던트의 외상 외과 지원을 위축시켰다. 외상센터가 필요하다고 느꼈지만 나서는 의사들이 없었다.

윤한덕은 권역외상센터를 통해 전문 인력을 양성하고 배치함으로써 부상자 치료의 수준을 장기적으로 개선하고 싶었다. 치료뿐 아니라 외상학의 발전을 위해 외상 전문 인력의 양성·배치가 필요했다.

이국종은 외과 의사로서 중증외상의 중요성을 강조했지만, 정부는 귀담아들으려 하지 않았다.

이국종은 자신의 저서 『골든아워』에서 「윤한덕」이라는 챕터로 그를 소개하며 외상센터 관련 정책에 대해 밝혔다.

> 2008년이 끝나가던 겨울, 중앙응급의료센터로 윤한덕 센터장을 찾아갔을 때 그의 시선은 내게 오래 머물지 않았다. 그는 보고 있던 서류에서 고개조차 돌리지 않은 채 날카롭게 물었다.

"지금 이국종 선생이 이렇게 밖에 나와 있는 동안에 아주대학교병원에 중증 외상 환자가 갑자기 오면 누가 수술합니까?"

윤한덕에게 나는, 그를 수없이 찾아와 그럴듯한 말을 늘어놓는 민원인에 불과했을 것이다.

그는 응급의학과 전문의였고 전공의 수련 기간 중 외과계 중환자들이 응급실에서 죽어 나가는 모습을 너무 많이, 지겹게 봐왔다고 했다. 교과서에서 배워왔던 각 임상 과목 간의 협진은 고사하고, 생명이 위급한 외과계 응급환자가 병원 문턱을 넘어온 이후에도 적절히 치료받기 어려웠다고도 했다. 윤한덕은 그때의 응급실을 '지옥' 그 자체로 기억하고 있었다. 그것이 그를 지금 이 자리에 밀어 넣었을 것이다. 지옥을 헤매본 사람은 셋 중 하나일 수밖에 없다. 그 화염을 피해 도망치거나 그 나락에 순응하거나, 그 모두가 아니라면 판을 뒤집어 새 판을 짜는 것. 떠나는 것도 익숙해지는 것도 어려운 일일 것이나 세 번째 선택은 황무지에 숲을 일구겠다는 것과 다르지 않았다. 윤한덕은 셋 중 마지막을 택했고, 보건복지부 산하 국립중앙의료원 중앙응급의료센터를 맡아 전국 응급의료체계를 관리하고 있었다.

그런 윤한덕에게 중증 외상 환자에 대한 적절한 치료 제공은 응급의료시스템 전체 운영에 있어서 극도로 중요한 문제였다. 중증 외상 환자들은 응급실에 내원하는 전체 환자 수의 일부였을 뿐이지만 사망률은 높았다. 이 환자들은 대부분 큰 수술이 필요했으나, 응급의학과 의사들은 그 같은 수술을 직접 하기는 어려우므로 외과계 의사들의 손이 절대적으로 필요했다. 그러나 수많은 외과계 의사들은 정규 수술에 집중해 중증 외상 환자 치료에는 소극적이었으며 당직 운영조차 중증 외상 환자들을 크게 고려하지 않았다.

윤한덕은 그 같은 현실에 몹시 좌절하고 있었다.

그런 윤한덕 앞에 그 엉망인 시스템의 원흉인 '외과 의사'가 외상 시스템을 문제 삼으며 나타난 것이다.

그가 나를 보자마자 던진 질문의 함의含意는 선명했다. '외상 외과를 한다는 놈이 밖에 이렇게 나와 있다는 것은 환자들을 팽개쳐놓고 와 있다는 말 아니냐? 그게 아니면 환자는 보지도 않으면서 보는 것처럼 말하고 무슨 정책사업이라도 하나 뜯어먹으려고 하는 것 아니냐?'였다. 그러나 나 역시 지옥 속이었다. 도망치고 싶었으나 도망치지 못했으며 적당히 순응하지도 못했으므로 떠밀리듯 세 번째 선택지를 받아들고 있었다. 나는 중증 외상 의료시스템에 대해 말을 이어나갔으나 윤한덕은 귀담아듣지 않았다. 그는 내내 냉소적이었으며 내 말을 조목조목 비꼬았다. 그럼에도 나는 신기하게 그에게서 진정성을 느꼈다. 2008년부터 2009년까지 외상센터 관련 정책들이 쏟아져 나왔고 나는 그 시기에 그를 종종 보았다.

…(중략)…

그는 중앙응급의료센터장 윤한덕으로 빠르게 돌아와 있었다. 남광주역까지 가는 동안 중증외상센터 사업의 향후 계획에 대해 걱정을 쏟아내는 그의 눈빛이 형형했다. '대한민국 응급의료체계'에 대한 생각 이외에는 어떤 다른 것도 머릿속에 넣고 있지 않은 것 같았다. 방금 전 빈 강의실에서 마주친 청년 의학도의 미소는 사라지고 없었다.

이국종은 2002년부터 윤한덕을 알았다. 이국종은 아주대 교수로, 윤한덕은 중앙응급의료센터에서 근무하면서부터다. 학회나 회의 때

마주쳤지만, 이국종이 개인적으로 찾아가 이야기를 한 것은 2008년 끝나가던 겨울이 처음이었다.

2011년 1월 21일 새벽, 아덴만 여명작전이 펼쳐졌다. 대한민국 해군 청해부대가 소말리아 인근의 아덴만 해상에서 해적에게 피랍된 삼호주얼리호Samho Jewelry를 구출한 작전이다. 작전을 시작한 지 5시간 만에 선원 21명과 선박을 모두 안전하게 구출했다. 대한민국 해군의 사망자는 없었다. 해적 8명을 사살했으며 5명을 생포했다.

그러나 작전 과정 중에 삼호주얼리호의 석해균 선장이 관통상을 입었다. 여섯 발 이상의 총탄이 석 선장의 몸에 박히거나 몸을 뚫고 지나갔다. 그중 세 발이 체간부體幹部(흉부와 복부 등 인체의 주요 내장 기관이 있는 부분)를 관통했고 대장과 내장을 부스러뜨렸다.

응급수술이 필요했다. 총상 수술 전문가 이국종의 도움이 절실한 상황이었다.

이국종은 당시 윤한덕이 주최하는 외상 회의 때 주제발표자로 예정되어 있었다. 이국종의 주제발표를 듣고 이를 토론하는 형식이었다. 그러나 아덴만 긴급 투입으로 이국종은 토론회에 갈 수 없었다.

이국종은 현지로 떠나기 하루 전 윤한덕에게 전화를 걸었다.

"선생님, 아덴만에 갑자기 가야 할 것 같습니다."

"왜?"

"석해균 선장 수술 때문에 발표를 못 할 것 같아요."

이국종은 국내에서 총상을 수술해 본 경험이 있는 외상 외과 전문의였다.

"그래? 그곳에 가는 것에 대해 병원은 어떻게 생각해?"

이국종에게 물었다.

"당연히 좋아하지 않죠."

"국종, 잘못되면 끝장인 줄 알지! 잘못되면 견딜 수 있어? 다시 한번 잘 생각해봐."

윤한덕은 친밀한 사람에게는 성을 떼고 '국종' 이렇게 이름만 불렀다. 이국종을 진심으로 걱정하며 말한 것이다. 잘못하면, 이국종은 물론 외상팀 모두가 온전하지 못할 위기에 놓일 것이기 때문이다.

이국종은 현지로 떠났고 몇 번의 대수술을 통해 석해균은 한 달 뒤 기적적으로 깨어났다.

이국종은 '아덴만의 영웅'이 되어 돌아왔다.

석해균 선장의 대수술은 이국종의 활약상을 보여주는 사건이었다. 이를 계기로 외상센터 설립의 중요성이 크게 부각됐다. 다시 권역외상센터 설립 논의가 시작됐다. 정부보다는 국회가 오히려 적극적이었다.

이후 응급의료에서 외상이 핫이슈로 떠올랐다. 어떤 응급 관련 이

슈보다 외상이 블랙홀처럼 빨려 들어갔다. 정치권은 물론 정부에서는 외상의 중요성을 연일 강조했다. 오히려 응급의학의 모든 축이 외상으로 이동하는 것처럼 보였다.

외상센터 설립은 탄력을 받기 시작해 정부는 2017년까지 전국에 17개 중증외상센터를 만든다는 계획을 2011년 10월 발표했다.

선정된 기관에는 병원의 연도별 이행계획에 따라 중증외상센터 설치에 필요한 설치비와 운영비를 지원할 계획이었다. 응급의료기금을 통해 외상전용 중환자실(40병상), 외상전용 시설 장비 설치에 80억 원을 지원할 예정이었다. 외상전담 전문의 충원계획에 따라 매년 7억 ~27억 원(최대 23명)까지 연차적으로 인건비를 지원하는 방식이다.

중증외상센터가 설치되는 의료기관은 '응급의료에 관한 법률'에 따른 전문응급의료센터(외상)의 지정 기준에 따르는 응급진료실의 시설·장비·인력 기준을 갖춰야 하며 전용 수술실 2개 이상, 40병상 이상의 전용 병동을 마련해야 한다.

중증외상센터의 설치가 1차 완료되는 2016년까지 지역별 중증외상 체계 토대를 마련해 약 650개의 전용 중환자 병상에서 연간 약 2만 명의 외상환자가 치료를 받을 수 있도록 할 계획이었다. 주요 권역별 외상체계가 완성되면 예방 가능한 외상 사망률도 35퍼센트에서 선진국 수준인 20퍼센트를 목표로 삼았다.

2012년 인천길병원과 원주세브란스기독병원, 단국대병원, 목포한국병원, 경북대병원이 1차로 권역외상센터 설치지원기관으로 선정됐다.

이국종은 죽어가는 외상의 불씨를 살렸다. 윤한덕도 제대로 된 외상체계를 만들고 싶었다.

닥터
헬기

2009년 선임연구원 허탁, 연구원 이국종이 참여해 응급의료 전용헬기의 수요조사를 한 결과, 전국에 14대가 있어야 한다는 의견이 나왔다.

이 보고서를 기반으로 예산을 요청하기 위해 복지부는 기획재정부를 찾아갔다. 그러나 기재부는 소방에 헬기가 있으니 그것을 이용하라고 답변했다. 소방헬기가 다목적 헬기여서 응급환자만 이송하는 전용 헬기가 필요하다고 주장했지만 받아들여지지 않았다. 기재부를 설득 시키지 못해 닥터헬기 예산이 반영되지 않았다.

이후 충남대 의대 교수 유인술과 윤한덕은 국회 복지위원회 소속 국회의원들과 함께 일본에 갔다. 일본에서 운영하는 닥터헬기의 현황을 보고 우리나라도 이를 적용할 수 있나 판단하기 위한 연수였다. 나리타 공항 옆 대학 부속병원을 둘러보다 의원들은 아직은 우리나라에 닥터헬기를 도입하는 것은 이르다는 결론에 도달했다.

한덕은 실망해 담배를 피워 물으며 낙담한 듯 유인술에게 말했다.

"형님, 닥터헬기 사업 설득이 결국 안 될 것 같네요."

절망에 빠졌다. 닥터헬기 사업추진이 어려울 것 같았다.

그러나 정책이란 게, 특히 대규모 정책사업이란 것이 쉽게 되던 가? 다시 뛰었다. 허윤정 국회 민주당 전문위원이 백방으로 도왔다. 유인술 대한응급의학회 이사장 등 학회 사람들도 닥터헬기의 중요성을 국회의원들이 인식하게 국회를 부지런히 드나들며 필요성을 주지시켰다. 윤한덕은 필요한 업무 프로세스를 허윤정, 유인술, 허탁 등에게 알려주었다. 시민단체도 나섰다. 기어가 맞물려 돌아가야 제품이 나오듯 모두가 하나로 힘을 모았다.

마침내 보건복지위에서 예산이 통과됐다. 이제는 예산결산특별위원회의 통과만 남았다. 허탁이 지원 사격했다. 허탁은 국회 예결소위 호남 지역 출신 의원을 찾아갔다. 둘은 일면식도 없었다.

"의원님! 응급의료 전용헬기는 응급환자를 살리는 데 큰 도움이 됩니다. 예산이 통과될 수 있도록 꼭 좀 도와주십시오."

"그래요. 이거 합시다! 이런 거 하려고 국회의원이 있는 것 아닙니까."

시원하게 대답했고 닥터헬기 예산이 최종 통과됐다.

닥터헬기는 일본의 응급의료전용헬기 '닥터헬리Doctor Heli'를 벤치

마킹한 것이다. 일본은 '독일을 따라잡자'라는 슬로건으로 2001년부터 사업을 시작했다. 당시 일본의 예방 가능한 외상환자 사망률이 38퍼센트였다.[*]

닥터헬기가 들어오기 전에는 소방과 해경 소속 헬기로 응급환자를 수송했다. 보건복지부는 이에 대한 보답으로 2003년부터 응급의료기금으로 소방헬기 8대 구매 비용을 지원해왔다. 그러나 운영에서 문제점이 있었다. 응급환자 이송실적이 10퍼센트를 넘지 않았다. 환자 이송뿐 아니라 화재진압, 지휘, 구조 등 구조와 구급을 같이 하는 다목적 헬기로 사용했기 때문이다. 생명이 위협받는 중환자 치료용으로만 사용할 응급의료 전용헬기를 만들 필요가 있었다.

국민에게 중요한 것은 어떤 부처가 사업을 하느냐가 아니라 응급환자에게 더 실익을 주는 게 무엇이냐다. 성과를 높이고 실효성을 높이는 것은 중요하다. 보건복지부의 닥터헬기 배치가 이루어지면서 정부 부처들은 경쟁적으로 응급환자 이송에 나섰다. 경쟁의 효과였다.

닥터헬기는 외상환자를 실어나르는 가장 높은 단계의 이송 수단이 됐다. 출동 요청을 받으면 병원에서 의사를 태우고 5분 이내에 응급

---

[*] 중앙응급의료센터, 「2011년도 응급의료 전용헬기 도입·운용 사업」, 2012.
일본의 닥터헬리 운용 효과는 10년이 지난 뒤 중증 환자의 신속한 이송으로 예방 가능 사망률은 27퍼센트, 중증 후유증은 45퍼센트 감소하는 효과가 있었으며, 치료비 절감 효과(46.1퍼센트)와 치료기간 감소 효과(16.7일)도 있는 것으로 나타났다.

환자가 있는 현장으로 즉시 출동하는 체계로 운영한다.

닥터헬기에는 현장 처치 능력을 갖춘 전문의사가 탑승한다. 헬기 내에는 진단과 응급치료를 가능케 하는 응급 초음파 기기, 정맥주입기, 이동형 인공호흡기, 제세동기, 12유도 심전도 등 의료기기가 실려져 있다.

의료장비가 실림으로써 환자의 생존 가능성이 훨씬 커졌다. 복부 장기 손상 환자의 경우, 기존 헬기에서는 혈압과 맥박 변화의 체크에 의존할 수밖에 없어 출혈이 1리터 이상 진행해야 쇼크임을 알 수 있었다. 그러나 닥터헬기는 현장에서 응급 초음파 기기로 진찰하면 0.1리터 미만의 출혈도 감지해 응급수술로 생존 가능성을 높일 수 있다. 필요한 의약품도 구비되어있어 응급실이 하늘을 날게 된 것이다.

닥터헬기는 민간 헬기사업자에게 임차하는 방식으로 운영한다. 비용은 중앙정부가 70퍼센트, 지방정부가 30퍼센트를 부담했다. 복지부가 총괄했지만, 실무 총괄은 윤한덕이 맡았다.

한덕의 닥터헬기에 대한 꿈은 사업추진이 결정되기 한참 이전인 2003년부터 시작됐다. 중증 외상 환자가 늘어나면서 신속하게 환자를 이송할 수단으로써 닥터헬기의 필요성을 느끼고 구상해왔다. 그 구상이 8년 만에 이루어지게 돼 한덕의 감회는 남달랐다.

2011년 1월 민관 전문가들로 구성된 가칭 항공의료총괄사업단이 구성됐다. 헬기 운영을 위한 실행기구였다. 한덕은 항공의료사업단장으로 선임됐고, 중앙응급의료센터가 헬기와 관련된 사업을 위탁받아 총괄하게 됐다.

하지만 한덕을 비롯한 복지부, 중앙응급의료센터 내에는 헬기를 자세히 아는 사람이 없었다. 헬기사업을 했던 전문업체가 거의 없었고 실무를 담당할 공직자도 있지 않았다.

한덕은 한 번도 경험하지 못한 닥터헬기 운영을 책임지게 돼 걱정했다. 그는 법전을 사서 항공법을 전부 익혔다. 해외 닥터헬기 사례를 직접 조사한 뒤 국내 사정에 적합한 일반 헬기의 응급환자 이송용 개조 기준과 응급상황에 대한 출동기준 등 운영지침을 하나씩 마련해나갔다. 헬기 세팅은 물론 교육과정, 운영규칙 등을 일일이 만들었다. 정보기술을 전공했던 사람도 못 따라올 정도로 지식을 쌓았다. 처음 사업에 참여했던 업체의 PMproject manager*을 했던 선생님이 혀를 내두를 정도였다.

2011년 9월 인천 가천대 길병원과 전남 목포한국병원에 닥터헬기가 처음으로 도입됐다. 2013년 2대가 더 들어와 강원도 원주 세브란스 병원과 경북 안동병원에 배치됐고, 2016년에 충남 단국대병원과 전북 원광대병원에 추가로 1대씩이 들어와 전국에서 총 6대의 닥터헬기가 운용되고 있었다.

---

* 프로젝트의 부서 간 이견 조율과 사업 방향을 제시하는 전문가.

제8장

응급환자를 위한 교육

응급구조사
교육

신상도는 2005년 서울대병원에서 근무하고 있었다.

그해 3월 말경 윤한덕은 신상도에게 전화했다.

"상도, 뭐해?"

또 반말이다. 신상도는 윤한덕이 반말을 자꾸 하는 것이 거슬렸다. 졸업한 학교도 다르고 학번도 2년밖에 차이나지 않았다.

하지만 응급의학과 선배였기 때문에 참을 수밖에 없었다. 오히려 친근함의 표시라고 여겼다.

"어떤 일이십니까?"

"너, 나 좀 보자."

"왜요?"

"지금까지 서울대가 너무 역할을 안 하는 것 아니냐? 상도 네가 역할 좀 해줘."

"알았어요."

윤한덕은 응급의료체계 바꾸는 것을 소방방재청과 협의하고 있다고 했다.

신상도도 마침 서울시 응급의료 관련 용역을 수행하고 있어 응급의료체계와 관련한 자료를 찾으면서 공부 중이었다. 서울대 의대 내에서 응급의료체계 관련 업무도 맡아서 하고 있을 때였다.

2005년 말 소방정책국 구조구급과 구조구급계장 이재열과 신상도, 윤한덕 3명이 만났다. 우리나라 응급구조사들의 교육에 대해 논의하기 위해서다.

응급구조사들은 임상적으로 충분히 수련을 받지 못한 채 취직해 이들에 대한 교육이 필요했다. 일선 병원은 응급구조사들을 챙겨주지 않았고 견학할 수 있게 배려해주지도 않았다.

이날 모인 3명은 현장 응급처치를 위한 개발프로그램을 만들어 시범실습까지 운영하자는 것에 의견을 모았다. 한덕은 교육이 응급의료체계 변화에서 중요한 시작이라고 생각했다. 응급구조사에 대한 제대로 된 교육이 초기처치에 중요했고, 119 구급대원들에 대한 교육이 절실하다고 느꼈다.

소방은 119 구급대원들을 병원으로 보내 교육했다. 응급의료체계를 다지기 위한 교육이 본격적으로 시작됐다. 강의는 시뮬레이션 방식으로 이루어졌다. 현장에 도착했을 때 환자이송을 어떻게 할 것인가? 응급처치도 중요하지만, 환자를 분류하고 어느 병원으로 이송해야 하는지에 대해 알려줬다. 처치, 이송에 대한 정형화된 틀도 만들었다.

응급구조사 업무 범위 확대

응급구조사들을 위한 교육을 했지만, 현실은 그들의 업무 범위가 극히 제한적이라는 것이 문제였다. 풀어야 할 숙제였다.

환자가 병원에 도착하기 전, 응급구조사들이 할 수 있는 병원 전 응급처치가 거의 없었다. 보건복지부령으로 정해진 응급구조사의 업무 범위는 14가지만 할 수 있게 되어있다. 2003년 이후 바뀌지 않았다.

응급구조사들은 심근경색이 있는 응급환자를 만나면 심전도 검사를 한 뒤 응급조치를 해야 한다. 그래야만 환자의 병을 정확하게 파악할 수 있다. 하지만 이 검사는 의사와 임상병리사만 할 수 있고 응급구조사가 할 수 없게 되어있다. 임산부가 응급분만을 할 상황이라든지, 벌에 쏘인 환자를 위한 처치를 응급구조사들이 하면 불법이다.

한덕은 이러한 모순을 계속 지켜봐 왔다. 한덕은 응급구조사들의 업무 범위를 넓히려고 했다. 그의 페이스북에 밝힌 응급구조사 업무와 관련한 생각이다. 일부분만 소개한다.

우리나라 '응급의료에 관한 법률 시행규칙'에서는 1·2급 응급구조사가 할 수 있는 의료행위를 일일이 기재해 제한하고 있다. 1급은 의사의 지시로 행위를 하되 2급의 행위 전체를 할 수 있으며, 2급의 행위는 경미한 응급처치로서 의사의 지시 없이 행할 수 있다. 아이러니는 우리나라 1급 응급구조사는 미국이나 캐나다의 EMT*보다 높은 수준의 대학 교육을 받지만, 행위는 훨씬 제한적이라는 것이다. (2018년 10월 31일)

2018년 현재 우리나라 1급 응급구조사가 '의사의 직접적인 지시에 의해' 정맥으로 투여할 수 있는 약물은 어떤 게 있을까? 놀랍게도 고작 '포도당'과 '수액' 뿐이다.

업무 범위의 한계에서 시달리는 사람은 응급구조사이지만, 피해는 고스란히 환자의 몫이다. 벌에 쏘여 과민성 쇼크로 119를 호출해도 에피네프린 0.3밀리그램을 피하로 투여받기 위해서는 병원에 도착할 때까지 살아있어야 한다. 사고로 뼈가 부러져 덜컹거리는 구급차에서 고통에 시달려도 구급대원은 내게 그 흔한 진통제 하나 줄 수 없다.

이런 불합리는 왜 개선되지 않는 것일까?

나는 일방적으로 응급구조사에게 많은 행위를 허용하자고 주장하는 것이 아니다. 행위의 위험성과 숙련성에 의한 안전성을 비교해 우리나라 의료여건에 맞도록 타당한 업무 범위와 그 업무를 하기 위한 기준을 마련하자는 것이다. 업무 영역의 다툼을 떠나 환자의 편익을 목표로 말이다. (2018년 11월 3일)

---

* emergency medical technician, 응급구조사.

의사 단체, 간호사 단체 그리고 의료기사 단체에 청합니다.

이 간청은 중앙응급의료센터장으로서가 아니라, 언제든 응급상황에 처할 수 있는 사람 중의 하나로서 드립니다. 응급구조사는 전문가가 아니어서 의료인을 대체할 수 없다고 하신다면, 1993년에 '응급의료에 관한 법률'이 제정될 당시 응급구조사라는 법정 자격이 생기는 걸 말리셨어야 합니다.

여러분이 소중해 하시는 환자의 생명과 건강을 위해, 응급구조사가 파트너로서 필요하다고 생각하신다면, 일을 할 수 있도록, 그리고 전문가가 될 수 있도록 도와주시길 바랍니다.

분초를 다투는 응급환자가 처음으로 만나는 의료 종사자가 응급구조사라는 걸, 그리고 여러분이 모르는 사각에서 그 환자를 돌보는 사람이 응급구조사라는 걸 공감하신다면, 여러분이 가진 엄청난 범위의 업무 중에 응급구조사가 침해하는 업무는 극히 일부일 뿐이니, 조금만 양보해 주시기 바랍니다.

어쩌면 여러분 본인 또는 가족이 어느 순간 응급구조사의 도움이 필요할 수 있지 않을까요? 환자를 돌보는 숭고한 직업을 가진 분들로서 다른 직역의 일이라고 모른 척하지 않고, 가식 없는 논의의 장에서 적극적으로 머리를 맞대실 거라고 믿습니다.

(2018년 11월 4일)

한덕은 응급환자를 한 명이라도 더 살리기 위해선 응급구조사의 업무 범위를 넓혀야 한다고 생각했다. 하지만 응급구조사는 의사와 간호사, 임상병리사 등의 업무와 겹치는 부분이 있었다. 이를 어떻게 해결할 것인가, 중요한 과제였다. 서로의 영역을 가를 것이 아니라 서로가 조금만 양보해 환자 위주로 업무 범위를 결정할 필요가 있었다. 이해관계를 벗어나기를 바랐다.

의사협회는 현행 보건의료체계에서 응급구조사 업무 범위가 확대되면 여러 직역 간 갈등이 촉발될 것을 우려했다. 간호사협회는 응급구조사 업무 확장은 보건의료 면허 체계에 혼돈을 가져올 수 있다고 봤다.

119대원, 업무 범위 확대 시범사업

2018년 11월 동아일보는 '119 대원 응급처치, 18년째 막는 규제'라는 제목의 기사를 보도했다.

응급구조사의 업무가 인공호흡 등 14가지만 허용하고 심장에 이상이 있는 환자에게 심전도 검사를 못 한다는 내용이었다. 출산 때 탯줄 못 자르는 부분도 문제점으로 지적됐다. 이후 소방청과 복지부는 응급구조사의 업무 범위 확대를 놓고 충돌했다.

소방은 119 구급대원만이라도 현장 응급처치 범위를 확대하기를 바랐다. 반면 한덕을 비롯한 응급의학회 등은 119 구급대원뿐 아니라 모든 응급구조사의 업무 범위 확대를 주장했다.

소방청은 119 구급대원을 대상으로 업무 범위를 일부 확대한 시범사업을 2018년 말부터 들어갔다. 1급 자격을 보유한 119 구급대원이 심장질환 의심환자의 심전도를 측정하거나 심장이 멎은 환자에게 약물을 투여할 수 있도록 하고, 응급 분만한 아이의 탯줄도 자를 수 있도록 하는 것이 주요 내용이었다.

그러나 한덕은 시범사업 대상이 119구급대원에만 한정해 추진하는 것은 문제라며 반발했다. 119 구급대 차량에 탑승한 응급구조사만 업무 범위가 확장되고, 그 밖의 병원 등에서 근무하는 응급구조사는 여전히 불가능하다는 것이 이치에 어긋난다고 생각한 것이다. 직장에 따른 업무 범위 확대가 아니라 모든 응급구조사를 똑같이 적용할 것을 요구했다.

유인술을 비롯한 대한응급의학회 소속 상당수 의사도 한덕과 같은 입장이었다. 응급구조사 면허증은 같은데, 일하는 직장이 소방청이냐 민간병원이냐에 따라서 할 수 있는 일이 정해지는 건 불합리하다고 지적했다.

한덕은 소방청이 실시하고 있는 119 구급대 차량에 탑승한 사람만 업무 범위를 확대하기로 하고 시범사업을 벌이는 것과 관련해 지인에게 이렇게 증언했다.

"환자가 무엇을 원하는지 아무도 이야기하지 않는 것 같다. 환자가 필요한 것이 무엇인지 생각하지 않는다. 계속 강조해왔던 것은 환자 위주로 서비스를 하자는 것이다. 그런데 너무 이해집단 위주로 단번에 해결하려 한다. 자격이 주어질 때 면허나 자격을 가진 사람에게 똑같은 업무를 주어야 한다. 직장에 따라 업무 범위가 달라진다면 문제다."

한덕은 응급구조사 업무 범위 확대 시범 사업을 119 구급대는 물론 일반 병원 응급구조사까지 포함할 것을 정부에 요구했다. 정책이 원칙에 위배 되거나 문제가 있을 때 복지부가 정면으로 나서 부딪쳐 싸워야 하는데, 그렇지 않고 항상 피하는 것도 못마땅했다.

한덕은 직접 이 문제를 해결하고 싶었다. 정책을 결정할 때 몇 명만 밀실에서 하면 안 되고 관계단체 요구사항을 수렴하고 모든 것을 드러내놓고 환자를 위한 정책이 추진되기를 원했다. 전체적으로 보면 작은 문제이지만, 작은 디테일이 환자의 목숨을 왔다 갔다 하게 할 수 있다고 봤다. 환자가 가장 중요하다는 생각은 변함이 없었다.

업무를 주도적으로 추진할 때 소방, 복지부, 병원과 같은 행동 주체가 중요한 것이 아니라, 국민건강을 위해 소방과 정부, 병원이 무엇을 하느냐가 중요했다. 응급구조사 업무 범위가 직장에 따라 달라지는 것은 말이 안 됐다.

그는 세상을 떠나기 일주일 전, 페이스북에서 응급구조사 이야기를 다시 한번 강조했다.

보건의료단체의 반발을 피하려, 119 구급대원 업무 범위를 신설해 해결하려는 건 편법이다. 면허·자격의 범위가 직장에 따라 달라진다는 건 말이 안 된다.

외국에서는 다 되는 게, 왜 우리나라에서는 안 된다는 것인가?

…(중략)…

병원이든, 민간이송이든, 119구급이든 환자에게 필요한 의료적 판단과 행위를 동정identify하고, 그 이득과 위험성을 비교해 응급구조사가 할 수 있는 것과 할 수 없는 것, 응급구조사가 의사의 지시 없이 할 수 있는 것과 할 수 없는 것을 규정해야 한다.

응급구조사의 의료 전문성을 믿지 못하겠거든, 들여다보고 환류하고 교육하는 시스템을 만들던지, 지식과 경험과 숙련성을 검증할 수 있는 전문응급구조사 제도라도 만들자.

무엇보다 모든 논의의 중심에는 환자의 편익이 있어야 한다. 피하지 말고 개편 작업에 들어가 테이블 위에서 업무 범위를 검토하자. 우리나라의 현명한 보건의료단체들이 설마 환자의 편익을 무시하고 직종의 이익을 챙기려고 하겠는가? **(2019년 1월 25일)**

선한
사마리아인 법

심장이 정지하고 첫 4분이 골든타임이다. 응급환자를 살리려면 의료인이 올 때까지 누군가 생명 고리를 이어주어야 한다. 심정지 환자는 10초 안에 의식을 잃고, 4분이 넘으면 임상적 사망 상태가 된다. 4~6분까지는 뇌 손상의 단계, 6~10분은 뇌사상태, 10분이 넘으면 생물학적 사망이라고 볼 수 있다.* 심정지 환자 발견 즉시 심폐소생술과 AED(자동심장충격기)를 함께 사용하면 생존율이 3배 이상 높아진다. 그러나 일반인이 AED를 활용하는 경우는 전체 심정지 환자 건수 대비 0.1퍼센트 수준에 불과하다.

한덕은 일반인들이 AED를 쉽게 이해하고 머리로 그릴 수 있어야 한다고 생각했다. 어려운 용어를 사용하면 일반인들이 활용하기가

---

* (사)선한사마리아인운동본부의 「선한 사마리아인 운동의 의의」 파워포인트 자료 (2010년 7월 1일 홈페이지 문서자료실) 참조.

쉽지 않다. 장비 이름이 바로 기억나게 하는 것이 중요했다.

심장을 쿵쿵 뛰는 '심쿵이'로 하면 더 낫다고 생각했다. 그것은 윤한덕이 다른 의사들과 구별되는 차별성이었다. 응급의료 장비를 쉽게 국민에게 알려주고 사용할 수 있도록 하고 싶었다. AED, 제세동기 모두 어려운 말이다. 제세동기除細動器는 심방이나 심실에 세동(가볍게 떨리는 것)이 있는 경우에 몸 표면이나 심장에 전기 충격으로 직접 자극을 주어서 리듬을 회복하거나 세동을 제거하는 장치다.

윤한덕은 페이스북(2018년 10월 26일)에서 응급의료기구 등에 대한 명칭을 시민들이 이해하기 쉬운 용어로 사용하자고 제안한다.

언젠가는 아래의 심쿵이(자동심장충격기)에 다음과 같은 문구가 부착되어 있기를 바란다.

1. 응급환자에게 이 기계를 사용하면 누구도 당신에게 배상하라고 하지 않습니다.
2. 사용법을 정확히 모르더라도 과감하게 사용하십시오. 다행히 기계가 굉장히 친절합니다.
3. 쓰러진 사람을 보면 적극적으로 도우십시오. 그로 인해 겪게 될 송사는 보건복지부가 책임지겠습니다.
4. 도움을 요청하면 언제든 응하십시오. 그로 인해 겪게 될 송사는 보건복지부가 책임지겠습니다.
5. 당신이 남을 돕지 않으면 누구도 당신을 돕지 않게 됩니다.
6. 당신이 할애하는 십여 분이 누군가에게는 수십 년의 시간이 됩니다.

한덕은 일반인이 자동심장충격기를 선의로 사용하면 처벌받지 않는다는 것을 알려주려고 했다. 선의로 했던 행동은 민·형사상 책임과 손해를 묻지 않도록 한 법 제도인 '선한 사마리아인 법'*을 통해 일반인도 응급환자의 생명을 구하는 데 동참하기를 바랐다.

윤한덕은 한국환자단체연합회 대표 안기종을 처음 만났을 때 시민단체의 도움이 필요해 선한 사마리아인 법을 이야기했다. 시민들도 응급환자가 발생했을 때 쉽게 조치할 수 있기를 바랐다. 한덕은 시민의 구호 의무를 강조했다. 면책 규정이 모호해 구호 활동을 가로막는 '응급의료에 관한 법률'의 손질이 필요하다는 의미였다.

응급환자에게 가장 먼저 응급조치를 취할 수 있는 사람은 처음 목격자다. 처음 목격자가 의사이거나 응급구조사 등 의료인이라면 더

---

* '선한 사마리아인'은 성서에 나오는 내용으로 예수 그리스도의 비유에서 비롯했다. 선한 사마리아인 이야기는 길을 가다 강도를 만나 상해를 입고 곧 죽어가는 사람을 사마리아인이 돌본 것을 말한다. 사제와 레위인은 옆에 있으면서도 모른 척하고 지나쳤지만, 사마리아인은 다친 사람의 상처를 정성껏 치료했다. 인근 주막으로 데려가 주막 주인에게 잘 돌보아 주라며 돈까지 건넨 것을 두고 예수는 이 사마리아인을 본받으라고 한 것이다.

할 나위 없이 좋겠지만, 그럴 경우는 많지 않다. 응급환자가 발생했을 때 시민도 응급처치할 수 있으면 좋을 것으로 생각했다.

이를 위해 교육이 중요하다. 교통사고가 나면 시민들은 그냥 지나가는 일이 많다. 신고하지 않는다. 심지어는 교통사고에 절대 끼어들지 말라고 한다. 구호에 참여해 선의로 피해를 보는 일도 있기 때문이다.

한덕은 시민의 응급환자 조치를 원하는 글을 '내가 꿈꾸는 세상'이라는 제목으로 페이스북(2018년 10월 26일)에 올렸다.

심정지 환자의 생존율 개선에 가장 중요한 요소 중 하나는 by-stander AED(목격자에 의한 자동심장충격기 사용, 개인적으로는 '자동심장충격기'라는 어려운 말 대신 '심쿵이'라는 용어를 밀고 있다.)이다. 하지만, 다른 사람에 비해 비교적 관련 법규를 잘 알고 있는 나로서도 심정지 환자를 보면 그 기계를 함부로 사용할 수 있을지 확신이 서지 않는다. 만약 사용하고 나면 설치자가 내게 그 비용을 청구하지 않을까……. 의구심이 든다. 봉침 시술 후 과민반응으로 사망한 환자를 처치한 가정의학과 의사에게 손해배상이 청구된 사건 이후 더욱 그렇다.

유럽의 선한 사마리아인 법(이 글에서 '선사법'이라 하겠다.)은 구호 의무를 강조한다. '네가 위험하지도 않는데, 왜 돕지 않은 거냐?'고 따진다. 우리나라도 애초 이를 채택하려다 '불특정 다수를 범죄자로 만들 수 있는 우려' 때문에 형법에 반영하지 않았던 것으로 알고 있다.

반면, 미국의 선사법은 구호했을 때, 면책을 강조한다. '네가 도우려고 한 거니, 잘못이 있었어도 용서해 줄게.'이다. 근본에는 일종의 합의가 있다. '내가 그 구호를 받음으로써 손해를 입을 확률보다 이득을 얻을 확률이 압도적으로 크니까, 나는 동의한다.'이다. 건건이 잘잘못을 따지게 되면, 누가 남을 도우려 하겠는가?

2008년, 응급의료에 관한 법률에 선사법을 신설하던 시절, 문헌을 열심히 파서 얻은 선사법의 원칙을 정리하면 하나의 산출 식이 된다.

No duty + no intention + no gain = no guilty

즉, 1) 행위의 의무가 없는 사람이, 2) 해치려는 의도가 없이, 3) 행위자의 이익과 무관하게 한 구호행위로 발생한 오류는 죄가 아니라는 것이다. 그렇다면, 응급의료에 관한 법률 개정 이전에는 선사법이 없었을까?

형법 제22조(긴급피난) ① 자기 또는 타인의 법익에 대한 현재의 위난을 피하기 위한 행위는 상당한 이유가 있는 때에는 벌하지 아니한다.

② 위난을 피하지 못할 책임이 있는 자에 대하여는 전항의 규정을 적용하지 아니한다.

③ 전조 제2항과 제3항의 규정(불안스러운 상태에서 행한 행위)은 본조에 준용한다.

민법 제735조(긴급사무관리) 관리자가 타인의 생명, 신체, 명예 또는 재산에 대한 급박한 위해를 면하게 하기 위하여 그 사무를 관리한 때에는 고의나 중대한 과실이 없으면 이로 인한 손해를 배상할 책임이 없다.

민법 제761조(정당방위, 긴급피난) ① 타인의 불법행위에 대하여 자기 또는 제삼자의 이익을 방위하기 위하여 부득이 타인에게 손해를 가한 자는 배상할 책임이 없다. 그러나 피해자는 불법행위에 대하여 손해의 배상을 청구할 수 있다.

② 전항의 규정은 급박한 위난을 피하기 위하여 부득이 타인에게 손해를 가한 경우에 준용한다.

있기는 해도 명확하지 않다. 아무리 쳐다봐도 긴가민가하다. 그래서 법조인이 존경스러운 것이다.

상식이 통하지 않는 사회가 되었으니, 법이 있어도 '내가 면책을 받을 수 있을지' 누구도 확신하지 못한다. 구호에서 피해를 입었다고 생각하는 측은 변호사를 통해 무차별 손해배상을 청구할 수 있고, 그러면 구호자 역시 변호사를 선임해 방어해야 한다. 그다음부터는 변호사끼리의 '돈 놀음'이 되는 것이다. 결국, 정당성을 인정받더라도 그 과정 자체가 고통이다. 차라리 남의 일에는 관심을 끄는 게 편한 세상이 된 것이다. 누군가 옆에서 쓰러지더라도 '나는 스마트폰을 보느라 못 본 척'해야 한다.

이 틀을 깨려면 어떻게 해야 할까? 사건이 생길 때마다 일일이 소송이 진행되고 그 결과가 판례로 남을 때까지 기다려야 할까? 매번 무슨 일이 생길 때마다 '국가가 나서야 한다.'라는 말이 유행처럼 떠돌지만, 이것만큼은 국가가 개입하지 않고는 해결되기 어렵다. 만약, 보건복지부가 '쓰러진 사람을 도우면 당신에게는 어떤 불이익도 없어요.'라는 포스터를 방방곡곡에 구석구석 덕지덕지 붙여 놓으면 어떨까? 그러면, 구호를 받은 측이 손해배상을 청구해도, 그 포스터를 가리키며 '보건복지부가 괜찮다고 해서 했다.'라고 할 수 있지 않을까? 그러다 보면 손해배상을 청구할 생각조차 하지 못할 테니까.

2008년 개정된 '응급의료에 관한 법률'에는 일반인의 선의善意의 구호 조치에 관한 면책조항을 마련했다. 선한 사마리아인 법이 개정되면서 일반인도 응급처치를 할 수 있는 길이 커졌다. 이 법률 5조 2항에는 '생명이 위급한 응급환자에게 응급의료 또는 응급처치를 제공하여 발생한 재산상 손해와 사상死傷에 대해 고의 또는 중대한 과실이 없는 경우, 그 행위자는 민사책임과 상해傷害에 대한 형사책임을 지지 아니하며 사망에 대한 형사책임은 감면한다.'라고 명시돼 있다. 일명 선한 사마리아인 법이다.

문제는 '중대한 과실'이라는 애매한 표현이었다. 이 문구 해석을 놓고 응급처치했다가 소송을 당하는 게 문제였다. 선의의 응급처치를 한 뒤 발생한 사망 사건으로 소송을 당한 사례가 있었다. 사고를 당한 응급환자를 살리려다 구호자가 오히려 소송에 휘말리거나 죄를 뒤집어썼다. 이 때문에 위험에 처한 환자를 그냥 지나치는 경우가 많았다.

2018년 한의원에서 봉침을 맞고 쇼크로 사망한 환자의 유족이 한의사와 응급의료행위를 한 가정의학과 의사에게 소송을 제기했다. 또 물놀이를 하다 사망한 사람의 유족이 구급대원에게 소송을 걸었다.

한의원 봉침 사건은 이렇다. 경기도 부천의 한의원에서 봉침 시술을 받고 쇼크로 뇌사상태에 빠진 환자가 20여 일 만에 숨졌다. 시술

당일 한의사는 환자의 상태가 나빠지자 같은 층에 있는 가정의학과 원장에게 도움을 요청했고, 이 의사는 119 구급대원이 올 때까지 환자를 응급처치했지만 끝내 살리지 못했다. 유가족은 한의사와 가정의학과 의사를 상대로 9억 원대 손해배상을 청구했다.

이러한 문제점, 응급환자를 위해 처치를 해도 중대한 과실에 해당하면 형사적으로 문제가 되는 것을 보완하는 법 개정이 필요했다. 선의의 응급의료에 대한 형사책임 면제의 범위를 응급환자가 사망한 경우까지 확대한다는 내용의 개정안이 국회에 제출되어 있다.

〈2권에서 계속〉

참고문헌

공개자료

김상희, 「응급의료체계 리폼 입법공청회」, 국회의원 김상희·인구정책과 생활정치를 위한 의원모임, 2019.

보건복지부·가천대학교, 「응급환자 헬기이송 현황분석 및 기관간 협력방안」, 2012.

서원석 외, 『2013 경제발전경험모듈화사업:응급의료체계구축 프로그램』, 기획재정부, 2014.

윤한덕, 「응급의료기관 간 단계별 역할 및 기능 정립」, 정책동향 9권 4호, 2015.

이국종, 『골든아워 1』, 흐름출판, 2018.

이종훈·김희남, 『세계를 바꾼 연설과 선언』, 서해문집, 2006.

이창열·조진성·양혁준·김진주·박원빈·이근·윤한덕·오상우, 「한국 응급의료 전용헬기 초기 1년간 운영 결과 분석」, 대한응급의학회지 제25권 제1호, 2014.

전남대학교병원, 『전남대학교병원 100년사』, 2011.

전남대학교 의과대학 응급의학교실, 『전남대학교병원 응급의학과 10년사』, 2003.

전남대학교 의과대학 응급의학교실, 『전남대학교병원 응급의학과 20년사』, 2013.

중앙응급의료센터, 「2011년도 응급의료 전용헬기 도입·운용 사업」, 2012.

한국보건산업진흥원, 「응급의료기관 구조평가 및 질 평가체계 개발」, 2002.

한국보건산업진흥원, 「응급진료권 분석 및 응급의료기관 평가」, 2004.

한국보건의료관리연구원, 「응급의료체계 운영 평가 연구」, 1997.

2004년도 국감자료-보건복지

2017년도 국감자료-보건복지(2017년 10월 23일)

2018년도 국감자료-보건복지(2018년 10월 24일)

국립중앙의료원 중앙응급의료센터 홈페이지(https://www.e-gen.or.kr)

보건복지부 보도자료

The Institute of Medicine Committee, 「Future of Emergency Care」, 2007.

미공개 자료

국립과학수사연구원 부검감정서

근로복지공단 제출 사업장 사실조회서

윤한덕 업무수첩(2002 ～ 2019년)

윤한덕 육필 편지(1988 ～ 1998년)

윤한덕 육필 메모

윤한덕 작성 각종 보고서

윤한덕 초·중·고교 학생생활기록부

조석주, '응급의료체계 발표자료', 2018.

윤한덕 연표

(1968년 8월 8일~2019년 2월 2일)

1968년(1세)	해남 화산초등학교 관사에서 출생하다(8월 8일).
1974년(7세)	광주 동산초등학교에 입학하다.
1977년(10세)	광주 중앙초등학교로 전학하다(4학년 때).
1980년(13세)	광주 무등중학교에 입학하다.
1983년(16세)	광주제일고에 입학하다.
1986년(19세)	전남대 의예과에 입학하다.
1988년(21세)	전남대 의대 본과에 진학하다.
1989년(22세)	전남대 의대 본과 2학년 휴학하다.
1993년(26세)	전남대 의과대학 학사를 졸업하다(2월).
	전남대병원 수련의 과정에 들어가다(3월 1일).
1993년(26세)	의사면허증을 획득하다(3월 5일, 의사면허번호 제51843호).
1994년(27세)	전남대병원 전공의 과정에 들어가다(~1998년 2월까지).

1996년(29세)	전남대 의과대학 석사를 졸업하다.
	대학교 동아리 후배인 민영주와 결혼하다(4월 21일).
	큰아들 윤형찬 태어나다(12월 18일).
1998년(31세)	군대에 입대하다(2월).
	전남대병원 응급의학과 전문의를 취득하다(3월 16일).
	육군 대위로 임용되다(4월 18일).
2001년(34세)	육군 대위로 예편하다(2월).
	전남대학교병원 응급의학과 전임의로 들어가다(5월 1일~2002년 3월 1일).
2002년(35세)	의무서기관에 임용되다(4월 10일).
	국립의료원 중앙응급의료센터 응급의료기획팀 팀장으로 활동하다 (4월 10일 ~ 2010년 4월 2일).
2003년(36세)	전남대 의과대학 박사 학위를 취득하다(2월).
	차남 윤형우 태어나다(3월 6일).
2008년(41세)	대한응급의학회 선임대의원으로 뽑히다(1월 1일 ~ 2011년 12월 31일).
2011년(44세)	대한응급의학회 이사로 선임되다(1월 1일 ~ 2013년 12월 31일).
2012년(45세)	국립중앙의료원 중앙응급의료센터 센터장으로 임명되다(7월 5일).
2019년(52세)	집무실 의자에 앉은 채 사망한 상태로 발견되다(2월 4일).
	경기도 포천 광릉수목원에 안장되다(2월 10일).

포상 및 훈장

2008.04.07.	제36회 보건의 날 유공 표창(국무총리 표창)
2013.04.18.	제18회 KBS 119상(봉사상)
2018.04.06.	제46회 보건의 날 유공 표창(대통령 표창)
2019.04.05.	국민훈장 무궁화장
2019.04.11.	LG의인상
2019.06.05.	자랑스러운 전남대인상
2019.06.15.	세계응급의학회 특별상

인터뷰 후기

10개월이라는 짧은 시간에 윤한덕과 관련된 많은 사람을 만났다. 더 만날 수도 있었지만, 한계가 있었다. 윤한덕 사망 1주기에 맞춰 평전을 내야 하기 때문이다.

무조건 많이 만나려고 계획을 세웠다. 그리고 많은 에피소드를 모으려고 했다. 몇 차례나 만나 인터뷰한 사람도 있고, 시간이 없어 전화 인터뷰 또는 서면 인터뷰로 응해준 사람도 있다.

만났던 모든 사람을 싣지 못했다. 윤한덕 가족은 명단에 넣지 않았다. 일부 사람들은 사생활 보호 차원에서, 또 일부는 신분 노출을 꺼려 인터뷰 명단에서 제외했다. 인터뷰 대상 분류에 겹치는 사람은 한 곳만 표기했다. 인터뷰에 응해준 모든 분에게 감사하다.

인터뷰 당시 직책을 표기했다.

〈고교 동문 및 친구〉

김용권 목포중앙병원 응급의학과 과장

김철수 광주북구 우리들병원 원장

박은성 광주매일신문 부장

심우길 대기업 해외주재원

윤상준 함평 윤상준 내과의원 원장

이현우(가명) 의사

〈대학 동문〉

김상석 의사

김재훈 큐라인 여성의원 원장

나백주 서울시 시민건강국장

류진호 영암 독천중앙의원 원장

민용일 전남대 의대 교수

박철주 광주상무병원 원장

범희승 전남대 의대 교수

이휘재 현대정형외과·내과 원장

임정수 가천대 의대 교수

정경운 전남대 의대 교수

정한성 전남대 의대 교수

최춘동 의사

〈대한응급의학회〉

김기운 순천향대 의대 교수

김정언 인제대 일산백병원 교수

신상도 서울대 의대 교수

유인술 충남대 의대 교수

이강현 연세대 원주의과대 교수

이경원 인제대 서울백병원 교수

조석주 부산대 의대 교수

조용수 전남대 의대 교수

허 탁 전남대 의대 교수

〈공무원〉

강대훈 소방청 119구급과 과장

강정미 질병관리본부 위기대응생물테러총괄과 주사보

고희은 보건복지부 공무원

공인식 질병관리본부 결핵·에이즈관리과 과장

김태연 경기도 공무원

박재성 질병관리본부 정보화TF 팀장

박지덕 보건복지부 홍보기획담당관 주무관

서민수 보건복지부 시스템2팀장

손영래 보건복지부 예비급여과 과장

임성국 보건복지부 홍보기획담당관 사무관

정우진 보건복지부 공무원

차명일 소방청 중앙구급상황관리센터장

차영태 보건복지부 응급의료과 주무관

현수엽 보건복지부 과장

⟨국립중앙의료원⟩

강영화 서울아이비에프 여성의원 원장

고임석 국립중앙의료원 진료부원장

김귀옥 국립중앙의료원 직원

김승현 중앙응급의료센터 부팀장

김지숙 국립중앙의료원 부장

안명옥 국립중앙의료원 전 원장

오성광 중앙응급의료센터 광주응급의료지원센터 직원

윤순영 중앙응급의료센터 부센터장

이승준 중앙응급의료센터 재난응급의료상황실장

이인학 중앙응급의료센터 인천응급의료지원센터 직원

장한석 중앙응급의료센터 직원

정윤선 중앙응급의료센터 전 직원

조용중 국립중앙의료원 전 진료부원장

조우정 중앙응급의료센터 재난의료관리팀 직원

최영은 중앙응급의료센터 전 직원

황정연 을지대병원 교수

〈응급구조사 관련〉

박시은 광주 동강대 교수

〈고향 사람들〉

윤가현 전남대 교수

윤규봉 윤한덕 친척

윤목현 광주광역시 민주인권평화국장

동네 주민들

〈환자 단체〉

안기종 한국환자단체연합회 회장

〈종친회〉

윤영남 해남윤씨중앙종친회 사무총장

〈기타〉

김 윤 서울대 의대 교수

박윤형 전 보건복지부 과장

이국종 아주대 의대 교수

임문재 전 원사

장기수 광주제일고 전 교사

조해자 해남 화산초등학교 교장

허윤정 건강보험심사평가원 심사평가연구소 연구소장